Insula aurea
NOVI VINODOLSKI
SENJ
SPLIT
VELEBITSKI KANAL
ZEČEVO
VRBNIK
22
21
Sv. Ivan
Sv. Lucija
Jurandvor
Sv. Marija
BAŠKA
20
Veli vrh
19
Obzova
UN
17
PUNAT
16
STARA BAŠKA
18
PRVIĆ
GALUN
KORMATI
N
E
S
W
S
I
J
Z

Verleger

aquanet
d.o.o. Krk
www.aquanet.hr

Für den Verleger
Čedomir Miler

Text, Fotos und Bearbeitung
Denis Lešić

Mitarbeiter
Čedomir Miler
Martina Podnar
Dražen Lesica

Deutsche Übersetzung
Brigitta Mrakovčić
Angelina Puović
Werner Mayer (216-229)

Druck
TIPOMAT
Staro Čiče

ISBN 953-7122-01-8

CIP - Katalogizacija u publikaciji
Nacionalna i sveučilišna knjižnica -Zagreb

UDK 908(497.5)(210.7 Krk)(036)

LEŠIĆ, Denis
Die Insel Krk : ein Reisehandbuch in Wort und Bild / Text, Fotografien Denis Lešić ; Mitarbeiter Čedomir Miler... <et al.> ; Deutsche Uebersetzung Brigita Mrakovčić... et al.>. - Krk : Aquanet, 2003.

Izv. stv. nasl.: Otok Krk.

ISBN 953-7122-01-8

I. Krk (otok) – Monografija

430528050

DIE INSEL KRK

ein Reisehandbuch in Wort und Bild

KRK, 2003

Einleitung

Für dieses etwas andere Reisehandbuch wurde verbraucht: 2 Paar Tennisschuhe einer renommierten Marke (Maut an das karstige Gebiet), ein Fahrrad (das rechte Pedal, die Gangschaltung), jede Menge Benzin, literweise verschiedene Erfrischungsgetränke (und ein beneidenswerter Verbrauch an Deodorants) unzählige Töpfe von Skampi "buzara" (ich bin der eingebürgerten Inselbewohnerin B.M. unendlich dankbar)...

... das Resultat sind ca. 4.000 Fotografien (ein kleiner Teil ist hier zu sehen), Stunden über Stunden Arbeit sowie dieses mehr oder weniger gelungene Handbuch über die Insel Krk.

Beginnen wir also von vorne.

• Krk ist durch vieles eine einzigartige Insel, welche mit ihrer außerordentlich reichhaltigen Geschichte, Kultur und Naturschönheit Aufmerksamkeit auf sich zieht. Sie stellt eine harmonische Einheit dar mit Besonderheite, die sie von dem Gebiet, in dem sie sich befindet, abhebt und weshalb sie manchmal auch "Kontinent" genannt wird.

Einen Teil dieses Reichtums und der Mannigfaltigkeit wollen wir Ihnen in diesem Buch näher bringen mit dem Wunsch, daß Sie etwas über die Insel und das Leben darauf lernen, abhängig von Ihren persönlichen Vorlieben und der Zeit, die Sie hier verbringen werden.

Wir wünschen Ihnen eine angenehmen Aufenthalt auf der Insel, sowie daß Sie uns bei nächster Gelegenheit wieder besuchen.

• Nach Angaben der kroatischen Regierung, und eine Regierung soll wissen, worüber sie verfügt, hat Kroatien **1185** Inseln, von denen **66** bewohnt sind.

Darunter ist die größte die **Insel Krk** mit einer Fläche von 405,78 km^2, einer Länge von 38 km, einer größten Breite von 18 km und einer Küstenlänge von 189,3 km.

ABER !!! Nach den neuesten Messungen von Fachleuten des **Vermessungsinstitutes Rijeka**, ist die Nachbarinsel Cres "überraschend" gewachsen und hat nun die gleiche Fläche wie Krk, welche um einige Kilometer "kleiner" wurde, obwohl sie lange Zeit als die größere Insel galt. Da Inseln nicht so schnell "wachsen" - zumindest nicht in diesen Regionen, unterlief jemandem ein Fehler. Vielleicht ist die Rede von ganz unwichtigen Dingen, aber wenn es um nachbarliche Rivalität geht...

Zum "Fehler" kommt es in den ersten Messungen, durchgeführt von 1817 bis 1823, zur Zeit der österreichischen Herrschaft, welche die Fläche der Insel zuerst wegen der Steuereinhebung interessierte (womit die heutigen Behörden keine Probleme haben). Da für die Wasserflächen niemand Steuern bezahlte (zum Unterschied zu heute) haben die präzisen österreichische Geografen die Fläche des **Vransko jezero** (Vrana See) auf Cres aus der Gesamtfläche der Insel ausgenommen, während bei Krk höchstwahrscheinlich auch die Meeresfläche in der Bucht von **Soline** gerechnet wurde. Spätere Messungen wurden auf Grund dieser ersten Karten gemacht, so daß dieser Fehler bis vor kurzem wiederholt wurde.

So wurden überraschend die Inseln Cres und Krk mit einer Größe von 405,78 km^2 im Wettlauf um die größte Insel gleichgestellt. Bei den neuesten Messungen müssen auch die ständigen natürlichen Veränderungen der Küste berücksichtigt werden. Das Meer nimmt sich mit der Kraft der Wellen einen Teil des Landes, während der Mensch an anderen Stellen ständig am Aufschütten und Ausbau der Ufer arbeitet.

Da es sich aber hier um ein Handbuch über Krk handelt, und wir sehr subjektiv sind, müssen wir es einfach bei der Behauptung belassen, für die es schon in der Schule gute Noten gab:

Die Insel Krk ist die größte kroatische Insel!

• Krk liegt in der **Kvarnerbucht**, in unmittelbarer Nähe der Stadt und des Hafens **Rijeka**. Auch wenn sie sich ziemlich nördlich befindet, gibt ihr das mediterrane Klima warme Sommer und milde Winter, was auch eines der touristischen Atouts ist. Im Winter fällt die Temperatur auf bis zu ca. 5°C, auch wenn sie für einige Tage unter 0° sinken kann, mit der Ausnahme der senke um den See **Ponikve**, wo die Temperatur erheblich niedriger sein kann als auf dem Rest der Insel - sogar bis zu -15°C. Diese Jahreszeit charakterisieren etwas mehr Niederschläge sowie oftmalige *Bora* - ein kalter Wind, der Orkanstärke erreichen kann. Er entsteht, wenn die kältere kontinentale Luft über die Berge fließt und sich mit der wärmeren Luft über dem Meer vermischt. Und wenn die Bedingungen stimmen, dann verzeichnen die Inselbewohner in manchen Jahren auch Schnee (der sich nicht lange auf dem

Boden hält), hauptsächlich auf der dem Festland zugewandten Seite. Die Wassertemperatur sinkt im Winter auf etwa 10°C, und was den Beginn der Badesaison betrifft, so sagten die alten Einwohner "*immer am ersten Sonntag im Mai*", was in Celsiusgrade übersetzt 16-19°, je nach Jahr, bedeutet. Mutige gehen auch früher, doch ist das Meer angenehm zum baden von Juni bis September, sogar bis Oktober. Der Großteil der Badegäste nützt das saubere Meer dennoch im Juli und August, wenn die Temperatur am angenehmsten ist und sich um die 24°C - mehr oder weniger - bewegt. Die Sommer sind im großen und ganzen trocken und warm mit Temperaturen um die 30°C.

• Nach der letzten Volkszählung im Jahr 2001 (staatliches Institut für Statistik) leben auf der Insel 17.860 Einwohner in etwa sechzig Orten, während sich in den Sommermonaten zur Zeit der Fremdenverkehrssaison die Anzahl der Menschen auf der Insel bis hunderttausend erhöht. Gleichzeitig gibt es auf der Insel 20.065 Wohnobjekte (mehr als Einwohner), was nicht die Folge von Luxus der Inselbewohner, sondern der zahlreichen Ferienhäuser (10.212 Objekte) ist, die in den letzten Jahrzehnten entstanden sind. Interessant sind die Schätzungen, daß hier schon zur Zeilnwende 15.000 Einwohner gelebt haben, was der Zahl von vor ca. 10 Jahren entspricht. Es gibt mehrere Gründe für diese Stagnation über zweitausend Jahre. Geschichtliche und wirtschaftliche Ereignisse haben was zur Auswanderung der

Inselbewohner in angrenzende Gebiete und Überseeländer geführt hat.

• Der Großteil der kroatischen Inseln ist schlecht mit dem Festland verbunden (weinig Linienschiffsverkehr), was bei dieser Insel nicht der Fall ist. Nach Krk kann man von verschiedenen Seiten kommen: vom Meer (mit einem Schiff oder schwimmend) - was man sich leicht vorstellen kann, da sich ja bekannterweise um alle Inseln Wasser befindet (manchmal ein Fluß oder ein See), vom Festland - da Krk durch den Bau der Brücke praktisch ein Teil davon wurde (mit adäquaten Entgelt für die

Benützung), sowie aus der Luft, denn der **Flughafen Rijeka** befindet sich auf Krk in der Nähe von Omišalj.

Krk ist durch Charterflüge mit einigen europäischen Städten verbunden, der Flughafen wird aber auch von kleineren Flugzeugen für Panoramaflüge über die Insel genutzt. Sollten Sie während der Sommersaison Lust haben, Krk auch aus dieser Perspektive zu betrachten, so suchen Sie nach den entsprechenden Plakaten in den Orten oder direkt am Flughafen.

• Es ist noch nicht so lange her, da gab es in den Sommermonaten auf der Insel Einschränkungen beim Wasserverbrauch, doch das gehört der Vergangenheit an. Die Infrastruktur der Insel ist heute gut entwickelt. Krk wird aus eigenen Quellen mit Trinkwasser versorgt, das Wasserleitungsnetz ist dank großer Investitionen und weisen Überlegungen einer lokalen Firma eines der fortschrittlichsten in Kroatien. Großes Augenmerk wird auf Ökologie und Umweltschutz gelegt.

• Was biologische Merkmale der Insel betrifft, so ist viel davon auf den nächsten Seiten dieses Büchleins erwähnt; hier nur einige Daten zur Einführung.

Dank des Klimas, in jüngerer Zeit auch aus Sorge der Inselbevölkerung für Umweltschutz geschützt, hat sich eine außerordentlich reichhaltige Pflanzen- und Tierwelt entwickelt. Daß das nicht nur eine rein Phrase ist, typisch für touristische Broschüren, bekräftigen wir dies mit einigen Daten.

Die Insel Krk besitzt **1300** beschriebene Pflanzenarten, was dem gewöhnlichen Menschen nicht sehr viel sagt, aber wenn Sie das mit der Zahl **1180** vergleichen, wieviel die viel größere und bekanntere Insel mit dem Namen Großbritannien aufweist, so sollte man, was die Pflanzenarten betrifft, die Namen tauschen - **Groß-Krk** und **Insel Britannien**.

Dazu ist noch anzuführen, daß ein Großteil der Insel von Wald bedeckt ist, was bedeutet, daß zur Zeit der Sommerhitze genug Schatten für Sie alle vorhanden ist. Krk ist noch bedeutender durch Amphibien und Reptilien, denn es ist durch die Anzahl deren Arten die reichste Insel im Mittelmeerraum, doch davon mehr in einem gesonderten Kapitel.

Im Rahmen der reichen Tiergemeinschaft der Insel können Sie noch Elefanten, Löwen, Tieger bewundern... aber nur wenn ein Zirkus ein Gastspiel gibt.

• Und am Ende (Anfang) etwas Beachtenswertes aus der Geschichte, das Ihnen bei der Auswahl Ihres Urlaubsortes "behilflich" sein kann.

Den interessanten volkstümlichen Einfall, mit dem die Einwohner aus einem Ort die aus dem anderen "ehren", notierte noch im Jahr 1819 der Geistliche **Ivan Feretić**. Die Rede ist von den 7 Todsünden, die 7 Orte der Insel charakterisieren sollen:

1 Dobrinj - Hochmut
2 Omišalj - Gier
3 Dubašnica
(um Malinska) - Unzucht
4 Poljica - Zorn
5 Krk - Gefräßigkeit
6 Baška - Neid (Mißgunst)
7 Vrbnik - Faulheit

Diesen Gedanken notierte auch **Kubić** (Cubich) in der *Geschichte der Insel Krk* aus dem Jahr 1874, aber er verteilte die Sünden etwas anders. So liest man hier für **Dubašnica** - Hochmut, für **Punat** - Gier, für **Dobrinj** - Unzucht, für **Omišalj** - Mißgunst, für **Krk** - Unmäßigkeit bei Speis und Trank, für **Baška** - Zorn und für **Vrbnik** - Faulheit.

Wie es auch sei, sie sind einer Meinung, daß in **Vrbnik** Faulheit herrscht (ergibt sich nur die Frage, wer die riesigen Weingärten bearbeitet und den vorzüglichen Wein herstellt), und daher muß man dorthin, um sich gut zu erholen. Ebenso stimmen sie darin überein, daß die Stadt **Krk** der ideale Ort ist, um einige Kilos zuzunehmen.

Ob in **Dobrinj** oder **Dubašnica** Unzucht herrscht, finden Sie bitte selbst heraus (aber besuchen Sie auf der Suche nach einer Antwort nicht nur diese beiden Orte).

Warnung!

Wir möchten uns nicht wichtig machen, aber der Großteil der Straßen auf der Insel ist ziemlich eng und kurvig, so daß vorsichtiges Fahren erforderlich ist. Diese "seltsamen" Zeichen entlang der Straße (deren Anfertigung und Aufstellung jemand bezahlt hat) sind oft mit viel Sinn plaziert. Dieser ist, daß Ihr Urlaub nicht vorzeitig mit - (im günstigsten Fall) einer Menge Schwierigkeiten beendet wird, z.B.: ein zerstörtes Auto in Ihren Heimatort zu transportieren. Diese Warnung nehmen Sie bitte ernst, besonders wenn es regnet, denn der Asphalt ist durch seine Struktur sehr, sehr rutschig. Unser Wunsch ist, daß Ihnen Ihr Aufenthalt auf Krk in guter Erinnerung bleibt. Bitte beachten Sie auch die zahlreichen Radfahrer, die eine zusätzliche Gefahr darstellen.

Für Pannenhilfe steht Ihnen der kroatische Autoklub HAK unter der Telefonnummer 987 zur Verfügung.

Designerstück des Autors dieses Handbuches (nasse Fahrbahn)

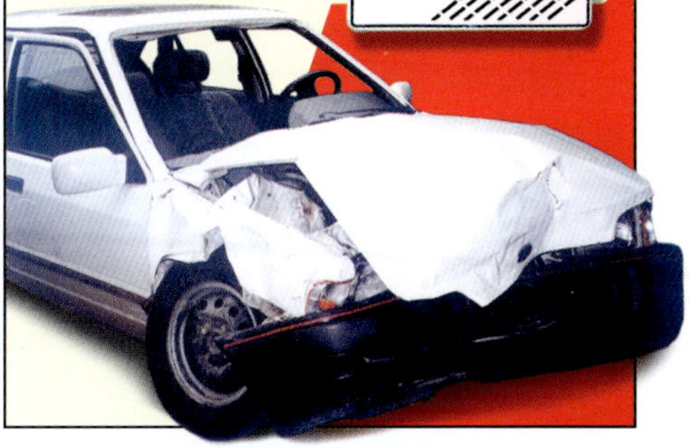

Die Geschichte

Die Geschichte der Insel Krk ist viel bedeutender und reicher als deren Darstelllung auf einigen Seiten dieses Buches, welche nur einen sturen Rückblick auf einige wichtige Ereignisse enthält.

Den Geschichtsüberblick der Insel könnten wir mit deren Entstehung beginnen, d.h.: mit der Erhöhung des Meeresspiegels um 100 bis 120 m, vor ca. zehntausend Jahren, und so das jetzige Aussehen der nördlichen Adria hervorbrachte. Als direkte Folge dessen gilt das Zahlen der Brückenmaut über die Krk - Brücke.

Von den Ureinwohnern der Insel und der Besiedlung auf diesem Gebiet erzählen 10-15.000 Jahre alte Funde. Einige Höhlen und natürliche Zufluchtsstätten mit Gebrauchsgegenständen sagen uns, daß die Insel schon sehr früh besiedelt war.

Die ersten Bewohner, über die wir etwas mehr wissen, sind Angehörige eines Illyrischen Stammes, die Japoden. Im 4. Jahrhundert vor Christus werden sie von einem anderen Illyrischen Stamm, den Liburnern, verdrängt. Dies waren gute Seeleute und Schiffsbauer, welche mit griechischen Händlern Verbindung herstellten; sie nutzten die Lage Krks auf dem *Bernsteinhandelsweg* vom Baltikum zum Mittelmeer, sowie einen teil des hellenischen *Handelsweges* vom Schwarzen Meer bis zu diesem Teil der Adria. Nach diesen Wegen wurde die Inselanhäufung im Kvarner ***Elektrides*** und ***Apsyrtides*** **genannt**.

Aus diesem Zeitraum stammt der heutige Name der Insel. Die Wurzeln liegen in der illyrischen Bezeichnung *Kurik*, der griechische Dichter **Homer** erwähnt in seiner ***Illias*** **Koureten**, von denen man annimmt, daß es die Einwohner der Insel Krk waren. Antike Schriftsteller nennen die Insel ***Kuriktike***, ***Kurikta***, ***Kurikon***... die Römer übernehmen sie unter dem Namen *Curicta (Curicum)*.

Mit der Ankunft der Kroaten, die die Dinge nicht gerne komplizieren, wird der Name gekürzt auf ***Kark***, ***Kerk***, ***Krk***. Im lokalen Gebrauch ist der Name ***Veja***, was sich von der italienischen Bezeichnung Veglia ableitet, und das kommt vom byzantinischen Ausdruck ***Vekla***, den **Konstantin Porfirogenet** erwähnt.

Von Städten, welche nicht mehr bestehen, erwähnt der griechische Schriftsteller **Ptolomäus** ***Fulfinum*** eine Stadt in der Bucht Sepen (Seite 36), welche heute teilweise unter Wasser liegt, es bestand auch eine Ansiedlung im Bereich Bosar, in der Nähe des heutigen Baška, die im Volk als *Corinthia* (Seite 166-171) bekannt war.

Im Jahr 49 vor Christus, während des römischen Bürgerkrieges, war das Meer um Omišalj (höchstwahrscheinlich im Kanal bei der heutigen Brücke) Schauplatz einer Seeschlacht. Die Kriegsflotten der Gegner **Pompejus** und **Julius Cäsar** kämpften um die Macht im römischen Reich (heute würde man das eine Abrechnung der Mafia nennen), wobei Pompejus mit Unterstützung von Flotte

der Insel Krk

und Soldaten der Liburner und Histren den Sieg davon trug. Interessant ist, dass in der Beschreibung der Schlacht erwähnt wird, wie das Heer des Cäsar aus Fässern hergestellte Floße verwendete. Es ist das erste Mal, dass das ***Fass*** als Gegenstand überhaupt erwähnt wird.

Es gibt verschiedene Interpretationen von der Ankunft der Römer auf der Insel. Ersichtlich ist, daß einige Orte viel früher angesiedelt wurden, aber 9 n. Chr. wird in vielen Quellen als das Jahr erwähnt, in dem die Römer endlich die Insel und deren Bewohner erobert hatten; die Insel nannten sie wegen ihrer natürlichen Reichtümer die goldene Insel (*insula aurea*). In der Römerzeit, wie auch schon vorher war die Hauptstadt der Insel **Curicum (Krk)**, welche die stärksten Stadtmauern an der östlichen Adriaküste besaß. Zahlreiche Überreste dieser Zeit sind über dieganze Insel verstreut, mehr Details darüber auf den Seiten der Schilderungen der einzelnen Orte.

Das Christentum kommt sehr früh auf die Insel, sodaß hier schon im V. - VI. Jahrhundert ein Bistum besteht. Aus dieser Zeit stammen die frühchristliche Basilika in der Bucht Sepen (Seite 36), sowie ein Teil der heutigen krker Kathedrale. Ebenso weiß man, daß bereits im Jahr 680 der erste Krker Bischof **Andrija** am Konzil in Rom teilgenommen hat. In der Hälfte des VI. Jhdts eroberten die Flotten des byzantinischen Kaisers **Justinian** die adriatischen Küstengebiete und erbauten ein gemeinsames System von Häfen und Befestigungen, um die Schiffswege zu schützen.

Zur Zeit des Zerfalls des römischen Reiches und der großen Völkerwanderung, kommen die Kroaten am Ende des VI. und im VII. Jhdt auf die Insel. Zuerst besiedeln sie die Ostküste gegenüber dem Festland und die alten Orte Omišalj, Dobrinj, Vrbnik und Baška und verdrängen die alteingesessenen Einwohner der romanischen Kultur an die Westküste der Insel, später kroatisieren sie nach und nach die ganze Insel.

Nach dem Zerfall des weströmischen Reiches, dessen letzter Herrscher in diesem Gebiet **Julius Nepot** war, wechseln eine Zeit die Besitzer, und im Jahr 812 mit dem Frieden von **Aachen** fällt die Insel Krk an Byzanz.

Durch die Entwicklung und Stärkung des kroatischen Staates an der Ostküste der Adria übernehmen im Jahr 878 kroatische Herrscher vom byzantinischen Kaiser **Basilies** die Schirmherrschaft über Krk, und Byzanz zahlt ihnen jährlich 110 Goldstücke für ein ruhiges Besitztum. Schwer zu sagen, wieviel 110 Dukaten heute wert wären, aber es ist sicher, daß jetzt eine jährliche Rente für die ganze Insel ein sehr, sehr interessanter Betrag wäre.

Im 9.-10. Jhdt kommen die Schüler der griechischen Aufklärer **Cyril** und **Method** auf die Insel und verbreiten die Schreibkunde in der altslawischen Schrift *Glagoliza*. Krk wurde so eines der stärksten Stützpunkte der glagolitischen Kultur in der slawischen Welt. Einer der ersten geschriebenen Funde ist die ***Krker Inschrift***, einige Wörter, geschrieben in der runden glagolitischen Schrift im 10. Jhdt. (Dinka Vitezića Straße Nr.11, Krk). Das bekanntere Denkmal der

Das alte und das neue Wappen der Fürsten von Krk

Mira Anić - KRČANKA, Krk

kroatischen Sprache (um 1100) wurde in Jurandvor bei Baška gefunden und berichtet über eine Stiftung des kroatischen Königs **Zvonimir** an das Kloster der Benediktiner in Baška.

Im Jahr 1118 eroberten die Venezianer Krk ein zweites Mal, und mit einem Vertrag übernimmt es der einheimische Adelige unbekannter Abstammung **Dujam I.** als Lehensbeitz, und er wurde dadurch der erste in der Reihe der Fürsten von Krk. Nach seinem Tod 1163 vertraut Venedig mit dem Vertrag vom 3. August das Erbe der Inselpacht gegen eine Steuer von 350 Dukaten den Söhnen **Bartol** und **Vid** an (entweder kam es zu einer Inflation, oder wußten es die Italiener als geschickte Händler, besser, Geld zu machen).

Mit dem Vertrag verpflichteten sie sich den Gesandten aus Vebedig zu empfangen, aber damit nicht die Bürger zu belasten, sowie noch vier Punkte, in denen die Inselbewohner geschützt werden (in einer Zeit vor den Gewerkschaften!): die Boote der Inselbewohner dürfen sie nicht mit Abgaben belegen, sie dürfen nicht mit Gewalt Esel rauben, sie dürfen nicht aus den Weingärten die Körbe mit den Trauben entfernen, und sie dürfen kein Vieh rauben. Dank des Reichtumes der Insel, sowie eigener Fähigkeiten, erstarkte in kurzer Zeit des Geschlecht der Krker Fürsten, und sie erweiterten ihre Herrschaft auf das Festland. Venedig entzieht ihnen von 1244 bis 1260 kurz die Fürstenwürde, doch das hielt ihren Aufstieg in eine der beiden mächtigsten Familien in Kroatien nicht auf (die heutigen "Familien" sind aber nicht gemeint). Sie versuchten, die alten Bräuche zu festigen, und während ihrer Herrschaft wurde das Gesetzbuch von *Vinodol aufgesetzt* (1288) und das *Statut von Vrbnik* (1388). Die Glagoliza und die kroatische Sprache wurden in großem Maße dank ihnen und ihrer ökonomischen und politischen Kraft bewahrt. Mit der Zeit erwarben sie Besitztümer in ganz Kroatien, in Slowenien, auf der Apeninnenhalbinsel..., und Angehörige des Stammes waren Vorsteher in Split, Trogir, Senj, und sie stellten im Jahr 1392 auch den kroatisch-dalmatinischen Ban. Mit den anderen, die später herrschten, entstammten sieben kroatische Bane aus deren Familien. Die Krker Fürsten nannten sich selbst Frankapan, doch sie unterschrieben sich neben dem Titel nie amtlich mit diesem Nachnamen bis zum Jahr 1430, als der Papst **Martin V.** den einflußreichen Krker Fürsten und kroatischen Ban **Nikola IV** bewirtete, zu dessen Regierungszeit die Macht der Familie erheblich verstärkt wurde. Der Papst und der damals gestrauchelte römische Adelsstamm **Frangipani** erkannten, um es dem mächtigen Fürsten recht zu machen, die römische Abstammung der Krker Fürsten an, und verbanden sie mit den vor langem vertriebenen Mitgliedern der Familien in Dalmatien und auf der Insel Krk (die verbindung erwies sich später als unrichtig). Seit damals nennen sich die Krker Fürsten auch amtlich **Frankapan**, der Papst Martin V gibt ihnen ein neues Familienwappen, auf dem zwei Löwen sind, die ein Stück Brot brechen. Latein: Brot brechen - *frangere panem*! Daher der Name **Frankapan**, wie sie sich selbst unterschrieben, oder **Frankopan**, so, wie wir sie heute nennen.

Der Fürst **Ivan VII.** war der letzte

Frankopan, der auf der Insel herrschte. Im Zwist mit seinen Brüdern tauschte er seine Besitztümer auf dem Festland gegen deren auf der Insel und wurde so 1451 der Herrscher der ganzen Insel Krk. Unter seiner Schirmherrschaft entstanden zahlreiche sakrale Objekte und Kunstwerke. Den Venezianern war Krk jahrelang ein Dorn im Auge, so brachten sie Ivan VII. durch eine List auf eine Galeere und beschlagnahmten die Insel von den Frankopanen. In Jahr 1486 stirbt Ivan VII, und die Frankopanen, auch wenn sie weiterhin die einflußreichste Adelsfamilie in Kroatien ist, verlieren die Mutter-Insel , von der sie abstammten. Die Linie der Frankopan erlischt 1671 in **Wr. Neustadt** als der letzte männliche Angehörige, der Dichter **Fran Krsto Frankopan**, der gemeinsam mit seinem Schwager **Petar Zrinski** als Anführer eines Aufstandes gegen den Wiener Hof durch eine List verhaftet wurde. Für die Kroaten waren sie Patrioten und Märtyrer, von den Habsburgern wurden sie als Verschwörer gegen die Monarchie hingerichtet. Sie wurden später im Zagreber Dom bestattet.

Krk ist die letzte Insel, die Venedig angeschlossen wurde, und war am Anfang auch das reichste Besitztum, doch durch Ausbeutung wird es ökonomisch schwach wegen seiner geografischen Lage gegenüber dem Staat **Senj**, woher die Gefahr von **Uskoken** drohte (Aufständische, die venezianische Schiffe angriffen), diente Krk als Bollwerk zum Schutz der Seehandelswege. Die Insel erhielt einen Verwalter aus Venedig, und der Große und der Kleine Rat (lokale Verwaltungsbehörde) hatten eine gewisse Autonomie.

Anfang des 18. Jhdt wendet sich die **Habsburger Monarchie** dem Meer zu, und erbaut in Kraljevica - gegenüber der venezianischen Insel Krk - einen Kriegshafen.

Von Kraljevica ist Krk nur wenige Kilometer entfernt, und als es 1797 zum

Željko Skomeršić

Arhiv • Čedomir Franolić

zusammenbruch der Venezianischen Republik kommt, übernimmt die Herrschaft auf der Insel die österreichisch - ungarische Monarchie, aber nicht für lange! Daß die Österreicher sich nicht zuviel an den neuen Besitztümern erfreuen konnten, dafür sorgten die Franzosen!

Von 1806 bis 1813 ist die Insel Tail der illyrischen Provinzen Napoleons, doch **Napoleon** selbst zu bewirten, diese Ehre hatte Krk nicht (er verbrachte den Sommer auf einer anderen Mittelmeerinsel). Daß sich auch die Franzosen nicht zu sehr an Krk binden, dafür sorgten wieder die Österreicher. Diese erobern im Zuge ihrer erfolgreichen Kriegszüge im Mai 1809 über die Bucht von Klimno erneut die ganze Insel, doch sie blieben nur bis zum Dezember desselben Jahres, als sie erneut von den Franzosen vertrieben wurden. Das endgültige Ende der österreichisch - französischen Scharmützel kommt mit dem Zusammenbruch der französischen Herrschaft 1813, und die Österreicher kehren auf die Insel zurück. Diesmal für eine längere Periode, denn sie herrschen bis zum Ende des Ersten Weltkrieges. Mit dem Ende dieses Zeitabschnittes beginnt der Fremdenverkehr, heute der wichtigste Wirtschaftszweig auf der Insel, es kommen Dampfschiffe, die die Segelschiffe ablösen. Auffällig ist die Entwicklung der Insel: es vergrößert sich die Einwohnerzahl, aber wegen der Landwirtschaft, die nicht imstande ist, eine größere Anzahl von Menschen zu ernähren, begann eine erste Auswanderungswelle nach Übersee. 1910 hatte die Insel die meisten Einwohner, als 21.259 verzeichnet wurden (im Jahr 2001 wurden 17.860 gezählt, während es 1971 nur 13.110 Einwohner waren)

Im Jahr 1918, nach Ende des Ersten Weltkrieges wird die Insel Krk von Italien übernommen, bis zum Vertrag in **Rapalla**, mit dem am 24. April 1920 die Insel Kroatien eingegliedert wird, welches Teil des **Staates der Slowenen, Kroaten und Serben** ist dann des **Königreiches der Serben, Kroaten und**

Das altertümliche Hotel Adria in Krk, das durch einen Brand vernichtet wurde; es befand sich an der Stelle des heutigen Schwimmbeckens des Hotel Drazica

Slowenen, sowie später des **Königreiches Jugoslawien**. Die Bezeichnungen änderten sich, der Herrscher blieb der gleiche. In der Zeit dieses Staates (Staaten) ist die Insel Krk Grenzgebiet, denn bereits die Nachbarinsel Cres gehörte zu Italien. Die damalige Herrschaft zeigte kein großes Interesse für deren Entwicklung, wie sich das so oft in der Geschichte Krks wiederholte. Wegen der Änderungen der Grenzen und Herrscher, sowie der unzulänglichen Entwicklung, wurde die Bevölkerung erneut weniger - sie wanderte aus.

Im Jahr 1941 mit dem Beginn des Zweiten Weltkrieges wird Krk erneut von Italien eingenommen und verbleibt dort bis zur Kapitulation 1943, als Krk von den Deutschen besetzt wird, die hier bis Kriegsende bleiben. Die ganze Zeit wirkt auf Krk eine Widerstandbewegung, einige Inselbewohner wurden in Lager abgeführt, 500 Einwohner kamen im Krieg ums Leben.

In der Nacht vom 16. auf 17. April 1945 gehen Partisaneneinheiten an Land, und das bedeutet für die Insel die Rückkehr in ein diesmal neues Jugoslawien. Zu dieser Zeit ist Krk nicht mehr Grenzgebiet, es kommt zu einer besseren Entwicklung auf der Insel und zur Profilierung des Fremdenverkehrs als führender Wirtschaftszweig, besonders in den Sechzigern durch die Einführung von Linienfähren, sowie 1980 mit dem Bau der Brücke.

Den neuesten Teil der Geschichte kennzeichnet das Jahr 1991, der Zerfall Jugoslawiens und die Gründung eines selbständigen Staates Kroatien. Damals erfolgte der Angriffskrieg des jugoslawischen Militärs auf Kroatien, auf der Insel selbst kam es nicht zu Kriegshandlungen, aber es bestand strategisch die Gefahr und einige Pläne des jugoslawischen Militärs, den Krker Flughafen zu vernichten, und durch die Zerstörung der Brücke zusätzlich diesen Teil Kroatiens zu destabilisieren. Die Inselbewohner haben ihren Beitrag zur Verteidigung des Landes geleistet, indem sie ihre Insel in den Kriegsgebieten von Lika oder anderswo verteidigten, einige ließen dabei ihr Leben. Nach den stürmischen Neunzigern des XX. Jhdts, kehrte in Kroatien, und damit auch auf Krk, Frieden ein, und heute ist die Insel eine außerordentlich begehrenswerte und besuchte Fremdenverkehrsdestination.

GLAGOLIZA

Name	Wert	Buchstabe
azъ	1	a
bukъvi	2	b
vĕdi	3	v
glagoljo	4	g
dobrĕ	5	d
estъ	6	e
živĕti	7	ž
dzĕlo	8	-
zemlji	9	z
i	10	i
iže	20	i
đervь	30	ǵ,j
kako	40	k
ljudьe	50	l
myslite	60	m
našь	70	n
onъ	80	o

Wenn Sie über die Insel streifen, finden Sie, gebunden an viele geschichtliche und religiöse Orte, texte, die in (alt)kroatischer Sprache in der altslawischen Schrift - **Glagoliza** - verfaßt sind.

Die Schrift benützte **Konstantin der Philosoph** bzw der **Hl. Ciril** zusammen mit seinem Bruder **Metod** und den Schülern im XIX. Jhdt für Übersetzungen liturgischer Bücher vom Griechischen in die altslawische Sprache. Die Grundlage der Schrift bilden christliche Symbole: Kreuz (Leiden), Dreieck (HL:Dreifaltigkeit) und Kreis (Vollkommenheit), und man unterscheidet zwei Schrifttypen: ***rund***, welche bei Tschechen, Slowaken und Polen bekannt ist, sowie ***eckig***, die sich bei den Kroaten entwickelt hat. Die Buchstaben haben einen Namen und einen numerischen Wert, aber sie wurden nie genormt, so daß in verschiedenen Dokumenten einige Abweichungen in der Form einzelner Buchstaben bestehen.

Die Schrift gebrauchte man in den meisten slawischen Ländern bis zum 12. Jhdt, in Kroatien bis zum 15. Jhdt. Eine Ausnahme ist das Gebiet Istrien, Kvarner und einige Teile Dalmatiens, wo sich die Glagoliza am längsten hielt und bis Ende des 19. Jhdt. und Anfang des 20. Jhdt in Gebrauch war. Einen besonderen Platz nimmt Krk als starkes glagolitisches Zentrum ein. Unter den ersten geschriebenen Denkmälern befinden sich die ***Krker Inschrift*** und die ***Tafel von Baška*** (Seite 146), die Insel ist eine echte Schatzkammer von seltenen und wertvollen glagolitischen Vermächtnissen.

Über die Stärke und Wurzeln der Sprache und Schrift in diesem Gebiet erzählt die Tatsache, daß Papst **Inocent IV** in einem Brief vom 26. Januar 1252 an den Bischof **Fructous** von Krk, den Benediktinern bei Omišalj die weitere Verwendung der volkstümlichen Sprache und der Glagoliza im kirchlichen Leben gestattete, was ein Präzedenzfall im damaligen Europa war.

Münze anläßlich des glagolitischen Jubiläums

Buchstabe	Wert	Name
p	90	pokoj
r	100	rьci
s	200	slovo
t	300	tvrъdo
u	400	ukъ
f	500	frъtъ
h	600	hĕrъ
o	700	otъ
št,ć	800	šta
c	900	ci
č	1000	črьvь
š		ša
ъ		jerъ
y		jery
ь		jerь
ĕ		ĕtь
ju		ju

Die größte kroatische Insel verbindet mit dem Festland, wie es sich schickt, die größte Brücke in Kroatien, und nicht nur in Kroatien. Als die Brücke 1980 zum Verkehr freigegeben wurde, hat sich im Leben der Inselbewohner vieles geändert.

Die Idee, vom Bau einer Brücke, die die Insel mit dem Festland verbinden würde, ist aber viel, viel älter. Eine hölzerne Brücke sollte angeblich noch zur Zeit des Alten Roms gebaut werden. Die Alten Römer (oder vielmehr ihre Sklaven) waren große Baukünstler und die ganze Welt bewunderte (und bewundert noch immer) ihre Bauten, aber wenn man bedenkt, dass z. B. am 17. Januar 1987 um 19.25 Uhr auf der heutigen

Auf dem Bild links ist ein Kuriosum zu sehen. Neben dem Zeichen für Geschwindigkeitsbegrenzung und dem Schild mit der Längebezeichnung ist da noch eine Ampel. Sie werden sagen, dass die Ampel etwas ganz Normales ist. Da haben Sie Recht, aber das ist die einzige Ampel auf der ganzen Insel. Wenn Sie leicht Geduld verlieren, wenn die Ampel mal rot zeigt, müssen Sie sehr gefasst sein, denn auf dieser Ampel kann tagelang rot leuchten, wenn die Bora zu stark ist und der Verkehr deswegen gefährlich. Auf der Insel gibt es keine weiteren Ampeln, aber im Sommer ist es nicht ausgeschlossen, dass Sie in einen regelrechten Verkehrsstau geraten, weil sich auf der Insel die Zahl der Autos mehrmals vergrößert.

Brücke eine Borabö von 220 km/h gemessen wurde, kann man sich kaum vorstellen, dass irgendeine Konstruktion aus Holz dieser Gewalt standhalten könnte, nicht einmal eine römische. Die Brücke existierte nur in falschen Deutungen eines Berichts des venezianischen Statthalters für Dalmatien, **Antonius Viniciguerra** aus dem Jahr 1481. Es gab damals keine Brücke!

Nach 1918, als Rijeka Italien angeschlossen wurde und die Geschäftsleute aus dem benachbarten Sušak (heute ist Sušak ein Teil der Stadt Rijeka, obwohl die traditionsbewussten Sušak-Bewohner diese Tatsache immer noch verneinen wollen) neue Lebensräume suchten und die Übersiedlung auf die Insel Krk für eine gute Lösung hielten, war die Idee vom Bau der Brücke reif. Sie wollten außerdem einen Hafen in Malinska errichten.

Das Projekt einer Stahlbrücke, die sich auf mehrere Säulen im Meer stützt, wurde von der wiener Firma **Wagner-Biro** entworfen, aber dieses für jene Zeit ehrgeizige Projekt wurde weger der schlechten wirtschaftlichen Situation nicht verwirklicht.

Etwa vierzig Jahre später wurde diese ambitionierte Idee wieder aktuell, dieses Mal mit konkreten Chancen. Im Jahr 1960 wurden die ersten Projektstudien ausgearbeitet, die vier Jahre später vollendet wurden. Diesen Studien zufolge schlug man nicht nur verschiedene Brückenvarianten sondern sogar einen Unterseetunnel vor. In den folgenden Jahren wurden immer neue Entwürfe präsentiert und am Ende wählte man als die beste Lösung eine Betonbogen-Brücke über das Inselchen **Sveti Marko** (Heiliger Markus).

Das Inselchen Sveti Marko wurde noch zur Zeit der Antike unter dem Namen **Almis** bekannt, almus ist das lateinische Wort für fruchtbar. Wenn man sich heute das Inselchen anschaut, kann man sich nicht vorstellen, wonach das Inselchen damals den Namen bekam. Man kann darauf doch die Überreste einer ursprünglich antiken und später venezianischen Festung erkennen, sowie der Kapelle des **Sveti Ivan Zlatousti** (Heiligen Johannes Goldmund) aus dem 6. Jahrhundert. Früher war das ein wichtiger strategischer Punkt zur Kontrolle von Schiffsrouten und vor 20 Jahren wurde es zu einem wichtigen Punkt für den Brückenbau. Die Bauarbeiten wurden im Juli 1976 aufgenommen, die Brücke wurde am 19. Juli 1980 eröffnet.

Die gesamte Brückenlänge, die Zufahrtsstraßen einbezogen, beträgt **1430** m. Der 390 m lange Betonbogen, der das Festland mit dem Inselchen Sveti Marko verbindet, war zu dieser Zeit der längste auf der Welt. Er war sogar **85** m länger als der bis dahin längste Bogen der Brücke in Sydney.

In den ersten 20 Jahren fuhren Millionen Fahrzeuge über die Brücke 27,2, also mehr als eine Million pro Jahr. In demselben Zeitraum transportierten die Fähren 400.000 Autos. Durch die Brückenkonstruktion laufen Rohre der Adriatischen Pipelines (JANAF), die am Terminal bei Omišalj beginnen, und Wasserleitungen für die Waserversorgung von Industrieanlagen.

Voz

VOZ
OMIŠALJ
NJIVICE
DOBRINJ
ŠILO
MALINSKA
VRBNIK
KRK
PUNAT
BAŠKA
STARA BAŠKA

Voz befindet sich im Norden der Insel in der Nähe der Brücke. Diese Ortschaft erreichen Sie, wenn Sie von der Hauptstraße Richtung Flughafen abbiegen. Voščica ist der Leuchturm auf der Halbinsel und an dieser Stelle ist die Entfernung zum Festland die kürzeste (600 m). Es gibt zwei angelegte Schiffsanlegeplätze, die aus Napoleons Zeiten stammen (Anfang des 19. Jahrhunderts). In Voz war einstmals Thunfisch gefangn wovon heute nur mehr alte Fotos zeugen. Dann legten dort die Fähren an, die später durch den Brückenbau ihre Funktion verloren.
Als es noch keine Brücke gab, standen die Autos sogar mehrere Stunden Schlange bevor sie einen Platz auf der Fähre fanden. Jetzt ist es hier still und leer, als ob die Zeit stehen geblieben wäre. An die alten Zeiten erinnern nur ein verwüstetes Restaurant, einige gestrandete Boote, sogar zwei alte Fähren, die nach vielen Jahren ihre Ruhe im seichten Meer gefunden haben.

Arhiv • Čedomir Franolić

Omišalj

omišalj

Mira Anić - KRČANKA, Krk

Wenn Sie nach **Omišalj** kommen, ins erste Städchen auf dem Weg von der Brücke ins Inselinnere, lassen Sie sich nicht von den benachbarten Industrieanlagen verstimmen, sondern versuchen Sie den Charme des Städchens zu erleben.

Omišalj befindet sich auf einem 85 m hohen Felsen. Das ist neben der Stadt Krk die älteste noch immer aktive Siedlung auf der Insel.

Machen Sie einen gemächlichen Spaziergang durch die schmalen Gassen und versuchen Sie sich vorzustellen, wie hier durch mächtige Mauern geschützt schon etwa 1000 Jahre vor Christi Geburt Angeh_rige eines Illyrischen Stammes lebten. Als die Römer in die Gegend kamen, wurde in der Nähe eine neue Siedlung gebaut und die alte Festung blieb für eine längere Zeit leer und verlassen. Erst einige Jahrhunderte später als des Römische Reich, das große Imperium Romanum, zerbrach und die Bewohner ihr relativ ruhiges und reiches Leben nicht mehr führen konnten sondern ständigen kriegerischen Auseinandersetzungen ausgesetzt waren, zogen sie wieder hoch in die Festung, die ihnen Sicherheit bot und von der Lage her leicht zu verteiden war. Im 7. Jahrhundert während der großen Völkerwanderung kamen die Kroaten bis zum Adriatischen Meer und siedelten sich in der Gegend an. Im 12. Jahrhundert wurde Omišalj als **Castrum (ad) musculum** (lat. *ad musculi* = Miesmuschelzucht) erwähnt. Später wurde es zu einer der vier Burgen der Fürsten Frankopan und ein wichtiges kulturelles Zentrum, wo die glagolitische Schrift gepflegt wurde. Hier sollte als eine besondere Kostbarkeit das Brevier auf Pergament erwähnt werden, ein Gebetbuch auf 468 Blättern von **Veit aus Omišalj** (Vid Omišljanin), der es im März 1393 aufzuzeichnen angefangen hat. Leider ist das Brevier nicht in Omišalj zu sehen, es befindet sich in der Nationalbibliothek in Wien (früher Hofbibliothek). Das Kastell der Fürsten Frankopan von Krk wurde 1420 gebaut, es stand vor dem Ort. Im 20. Jahrhundert wurde es zerstört.

Zur Zeit Napoleons, als Franzosen die Insel beherrschten, erreignete sich etwas Besonderes: plötzlich taucht ein englisches Kriegschiff auf, das auf der Spur der Franzosen 1808 Omišalj angreift, aber ohne Erfolg.

Machthaber kamen und gingen, unterschiedliche Armeen zogen vorbei, die Bewohner von Omišalj aber harrten in ihrer Stadt auf dem Felsen aus. Was sie dann in die weite Welt hinaustrieb, waren ökonomische Gründe. Zur Zeit der Weltwirtschaftskrise wanderten viele nach Amerika aus. Man sagt, dass heute in New York genauso viele Omišljaner leben wie in Omišalj selbst.

Arhiv • Čedomir Franolić

OMIŠALJ
NJIVICE
DOBRINJ
ŠILO
MALINSKA
VRBNIK
KRK
PUNAT
BAŠKA
STARA BAŠKA

Dagmar Franolić

In der Kirche, die ***Mariä Himmelfahrt*** geweiht ist, einer Dreischiff-Basilika im Ortszentrum, die zum ersten Mal im Jahr 1213 erwähnt wurde, sind besonders der dreiteilige Flügelaltar, den der Meister **Jakobella del Fiore** im 15. Jahrhundert bemalte, und das Holzrelief an der Vorderseite des Altars aus derselben Zeit sehenswert. In der Kirche sind auch etwa 20 Bruchstücke eines vorromanischen Geflechtmuster vom Ende des 8. und Anfang des 9. Jahrhunderts zu sehen.

An der Kirchenfront befinden sich Tafeln mit glagolitischen Inschriften. Unter dem Fenster (die Rosette, und oberhalb der Rosette ein Relief mit dem Löwen) steht in Glagoliza geschrieben: ***Im Jahre 1405, des Monats Juni, wurde dieses Fenster von Martin Glušac gestiftet.*** Neben dem Seiteneingang zur Kirche ist die Kapelle des heiligen **Johannes, des Täufers** (sv. Ivana Krstitelja), die 1442 gebaut wurde, was man in der glagolitischen Inschrift oberhalb des eingemauerten Portals lesen kann.

Neben der Kirche war bis zum Jahr 1815 der alte Friedhof **Smitir**. An der Stelle befinden sich heute nur Reste von Grabsteinen und eine Gedenktafel. Der neue Friedhof befindet sich außerhalb der Stadt, Richtung Erdöl-Terminal. Das ist auch der Weg zum antiken **Fulfinum**.

Den Glockenturm am Hauptplatz

Smitir - Überreste des alten Friedhofs, der bis 1815 an dieser Stelle war und dann nach außerhalb der Stadt verlegt wurde.

Der Glockenturm aus dem 16. Jahrhundert mit der alten Stadtloggia

Die Kapelle der Heiligen Helene am alten Stadtplatz

haben, von allen unterstützt, die einheimischen Meister Anfang des 16. Jahrhunderts gebaut (**Pjero** aus Omišalj und **Andrija** aus Kotor bei Crikvenica). Als Baumaterial venwerdeten die Baumeister auch Teile der benachbarten antiken Stadt Fulfinum, was sehr oft der Fall bei den Bauarbeiten war. In allen später datierten Bauwerken befinden sich Marmorblöcke aus griechischen und anderen Steinbrüchen. Das erklärt wohin die alte antike Stadt verschwunden ist.

Am Turm ist auch die Stadtloggia aus dem 16. Jahrhundert, die auch als Gerichtssaal diente. Vor der Loggia ist der alte Stadtplatz (gradska placa), der sowohl in der Wirtschafts- als auch im kulturellen Leben in Omišalj eine wichtige Rolle spielte. Auf dem Platz wurde gehandelt, wurden Verträge abgeschlossen, es wurde dort gefeiert und... Der Alltag pulsierte auf dem Platz.

Im östlichen Teil des Platzes ist die Kapelle der **Heiligen Helene** (Sv. Jelene) aus dem 15. Jahrhundert. Wenn Sie an der Kapelle links abbiegen, kommen Sie durch schmalen Gassen bis zum Felsenrand oberhalb der **Pesja**-Bucht. In der Bucht ist ein gut geschützter Kleiner Hafen und ein durch eine Landzunge getrennter Sandstrand.

Es ist ein wunderbares Gefühl, wenn man über die steinernen Schutzmauern in den 80 m tiefen Abgrund schaut. Fast allen geht es in diesem Moment durch den Kopf, was das für Leute, gewesen sei mussten, denen es vor Jahren gelungen ist, ohne Einsatz von moderner Technik hier in der Höhe eine ganze Stadt zu bauen.

o m i š a l j

Die ersten Anfänge des Fremdenverkehrs in Omišalj reichen bis ins Jahr 1905. Die ersten Touristen kamen, um die Stadt auf dem Felsen zu besichtigen, aber immer öfter wollten sie in der Stadt einige Zeit bleiben, deswegen musste man die ersten Hotels bauen und auch die Badestrände anlegen. Es wurde ein Ausschuss für Einrichtung von Badestränden gegründet. Als Omišalj 1925 als erste Siedlung auf der Insel Krk elektrischen Strom bekam, ermöglichte das den Aufschwung des Fremdenverkehrs. Die benachbarten Industrieanlagen sehen nicht gerade fremdenverkehsrfreundlich aus, aber wer einmal nach Omišalj kommt, wählt es immer wieder als sein Urlausziel.

Arhiv • Čedomir Franolić

56
58

In **Dubec** dem nördlichen Stadtteil kann man vom Aussichtsturm den wunderschönen Ausblick auf die Kvarner Bucht und die Stadt Rijeka genießen. Da steht auch der Wasserturm und eine kleine mittelalterliche Kirche mit Vorbau, dem **Heiligen Antonius aus Padua** geweiht (Sv. Antuna Padovanskog).

Der Park **Dubec** erstreckt sich von den Stadtmauern bis zum Meer. Seine Oberfläche beträgt etwa 18000 m^2, die Länge der angelegten Wanderwege ist 995 m. Der Park wurde 1925 auf dem von Einwohnern von Omišalj geschenkten Terrain angelegt. Das Gelände ist teilweise steil und was die Flora betrifft, handelt es sich einerseits um autochthone Pflanzenarten und andererseit um auf die Insel gebrachte Spezies. Im Park gibt es Raststätten mit Bänken. Die Ausblicke begeistern und man merkt nicht mehr, wie der Weg anstrengend ist. Man wird sich dieser Tatsache erst bewusst, wenn man bergauf zurückgeht.

o m i š a l j

In Omišalj können Sie die Unterkunft in einem Hotel oder in Appartements finden. Wenn Sie hungrig sind, finden Sie in zahlreichen Restaurants die verschiedensten mediterranen und kontinentalen Spezialitäten. Wenn Sie schon müde vom Schwimmen und Sonnenbaden auf den Stränden (Kies-, Felsstrände, teilweise auch betonierte) sein sollten, stehen Ihnen verschiedene Sport- und Erholungsangebote zu Wasser und Land zur Verfügung.

Altchristliche Basilika
aus dem 5. Jahrhundert

■ In der Sepen-Bucht in der Nähe von Omišalj befindet sich eine teilweise erhaltene und rekonstruierte altchristliche Basilika aus dem 5. Jahrhundert. Sie ist eine der größten, wenn nicht auch die größte im Mittelmeerraum. Die Umgebung ist nicht gerade umweltfreundlich, aber lassen Sie sich dadurch die Freude an architektonischer Vollkommenheit nicht verderben.
Die Ausgrabungen und Untersuchungen sind noch nicht beendet. In einem Dokument des Papstes Inozenz des IV. (Inocentije IV.) aus dem Jahr 1252 wurde die Benediktinerabtei des Heiligen Nikolaus (Sv. Nikole) erwähnt, die später an der Stelle der Basilika gebaut wurde.

■ Obwohl man immer wieder merkt, wie die Natur vom Menschen grob behandelt wurde, unterlassen Sie nicht, in der Gegend einen Spaziergang zu machen. Manchmal ist es interessant zu betrachten, wie die bewunderungswerte Vergangenheit an die durch Konsum geprägte Gegenwart stößt. Um zu diesem Teil der Insel zu gelangen, müssten Sie von der Hauptstraße Richtung Omišalj abbiegen, dann am Friedhof vorbei bis zu den JANAF-Anlagen. Links vom Eingang zur JANAF führt ein Feldweg, von dem man die Basilika sehen kann.
Vom asphaltierten Parkplatz über ein paar Stufen kommt man auf den Fußweg, der sich wahrscheinlich auf dem alten Weg zur Basilika befindet.

Der griechische Schriftsteller Ptolemäus erwähnte in seinen Werken die Stadt Fulfinum, die in der ersten Hälfte des ersten Jahrhunderts gegründet wurde, doch kann man von der Stadt keine Spur finden. Seit langer Zeit versucht man die Reste der mysteriösen Stadt zu finden und es wurden verschiedene Lokalitäten auf der Insel Krk genannt. Als 1974 im Glockenturm der Basilika eine Tafel mit eingemeißeltem Text entdeckt wurde, wurde es klar, was mit der römischen Stadt pssierte. Fulfinum, besser gesagt seine Reste, liegen heute in der Sepen-Bucht, im Gebiet Mirine, unter der Erde, teilweise auch einige Meter unter der Meersoberfläche. Der eingemeißelte Text auf der gefundenen Tafel erwähnt den Investor der Instandsetzung des Wasserleitungssystems in Fulfinum. Es handelt sich um Lucius Sestia Dexter, den Angehörigen der III. Kohorte zur Zeit des römischen Kaisers Domitian (81 - 96). Der Name des Kaisers wurde nach einem Urteil des Senats von der Tafel abgemeißelt, weil der Senat den Kaiser Domitian zu *damnatio memoriae* (Verdammung zum Vergessensein) verurteilt hatte. Den Veteranen, den Hauptbewohnern von Fulfinum, standen in der antiken Stadt alle Errungenschaften der römischen Zivilisation zur Verfügung. Es gab einen Hauptplatz mit Tempel (Forum), Wohnhäuser wurden in Reihen gebaut (Villen), öffentliche kostenlose Wasserversorgung aus der Wasserleitung (Aquadukt) wurde gesichert (heute müssen die Inselbewohner das Leitungswasser mit Gold zahlen), es gab Badeanlagen mit warmem Wasser (Thermen), Geschäfte... Zur Zeit des Römischen Reiches war das Leben sorglos und bequem, nach seinem Zerfall, suchten die Einwohner die Sicherheit auf dem zur Verteidigung geeigneten Felsen im heutigen Omišalj. Zur Blütezeit der antiquen Stadt war der Meeresspiegel 2 m unter dem heutigen Niveau, so sind jetzt die Fulfinum-Reste entweder unter der Erde oder im Meer versteckt.

MIRINE - FULFINUM

NJIVICE

NJIVICE

Der Ort Njivice (Äckerchen) liegt im Nordwesten der Insel und ist etwa 10 km von der Brücke entfernt. Es war früher ein kleines Fischer- und Bauerndorf. In neuerer Zeit wurden in Njivice Hotels gebaut, weil sich die Anzahl der Gäste während der Saison immer mehr vergrößert. In Njivice haben Sie alles, was Sie sich im Urlaub wünschen können; mildes Klima, unberührte Natur, blaues sauberes Meer zum Baden und Schwimmen, kleine gemütliche Cafés, Restaurants mit Naturkost und Fischspezialitäten und dalmatinischen Weinen, verschiedene Sportmöglichkeiten und ein reiches Erholungs- und Fitnessangebot.

Geschichtlich hat Njivice nicht viel zu bieten. Das verschlafene Fischerdorf wurde erst vor kurzem zu einem charmanten kleinen Ferienort.

Einige archeologische Spuren weisen aber darauf hin, dass die Gegend auch in der Antike besiedelt war. Schriftlich wurde zum ersten Mal im Jahr 1474 in einer Schenkungsurkunde des Fürsten **Johannes VII. Frankopan** (knez Ivan sedmi Frankopan) erwähnt. Im 15. Jahrhundert war dort ein Grundbesitz des Omišljaner Kastellans. Im

agmar Franolić • Galerija Dagmar, Krk

Jahr 1710 findet man die Bezeichnung *Villa di sasso bianco* oder Beli Kamnik was bedeutet soviel wie "Villa aus weißen Stein" und daher kommt auch der Name des Hotels.

Das erste Hotel wurde im Jahr 1930 gebaut. In diesem Jahr beginnt die Umwandlung des kleinen Fischerdorfes in einen der beliebtesten Ferienorte auf der Insel.

Der kleine Hafen liegt zentral und von ihm aus erstrecken sich die Strände. Hier pulsiert das Leben: in Restaurants, Cafés und Konditoreien, die typisch für das Kroatische Küstengebiet sind. Da findet jeder etwas für sich.

Nördlich vom Hafen befinden sich Hotels und ein großer Campingplatz am Meer aber im Laubwald, was an der kroatischen Küste selten vorkommt. Auf der Insel Krk nur einmal und zwar hier in Njivice. Am Campingplatz sind Tennisplätze und andere Sportgelände.

Die Strände sind sauber, hauptsächlich mit Kieselsteinen bedeckt (einige auch teilweise betoniert). Außerhalb des Ortes sind kleine Felsenbuchten wo man auch FKK baden kann.

Auf der anderen Seite, Richtung Malinska, sind angelegte Kieselbedestrände, die für Kleinkinder geeignet sind, wo sie auch

ZLATOROG

DIVING SCHOOL
SSI
DIVING SCHOOL

im Sand oder im seichten Meer spielen können. Es gibt auch einige Kinderspielplätze. Während Ihre Kinder spielen, können Sie in einem der kleinen Strandcafés etwas Kaltes bestellen und die Kinder die ganze Zeit nicht aus den Augen verlieren.

Hier kann man verschiedenes, was man am Strand gut gebrauchen kann leihen oder sich für einen Taucherkurs anmelden.

Wo die Strände aufhören, fängt die Antonius Kosta Promenade (šetalište Antona Koste) an. Der romantische Pfad schlängelt sich am Meer entlang, etwa 1200 m weit unter Bäumen bis zu der Bucht Kijac. In der Bucht ist noch ein angelegter Badestrand.

Am Ende des Tages bei einem Sonnenuntergang wie auf den kitschigsten Postkarten wird die idyllische Stimmung auf der Promenade Ihnen halfen, den Urlaubsstress des Tages zu vergessen. Der Platz scheint wie der Vorspann oder Abspann von TV-Seifenopern - der Sonnenuntergang, sie, er und ein Pferd (ja, ohne Pferd geht es auch)!

Wenn Sie ohne Pferd nicht auskommen können - mieten kann man sie an der Hauptstrasse unweit von Njivice.

malinska

m a l i n s k a

Malinska befindet sich in einer bewaldeten Bucht im Westen der Insel Krk. Dieses Gebiet mit 19 Siedlungen wird **Dubašnica** genannt (dub = Eiche). Schon im Jahr 1153 wurden zum ersten Mal zwei kleine Kirchen erwähnt, die des **Heiligen Martin** (crkva Svetog Martina) und jene des **Heiligen Apolinarius** (crkva Svetog Apolinara), die sich am Rand des alten Friedhofs befinden. Im 15. Jahrhundert wurde in der Siedlung eine Mühle gebaut. Nach dieser Mühle, kroatisch mlin (melin), bekam der Ort den Namen Malinska. Zu der Zeit ließ Johannes VII. Frankopan sogenanute "Wlachen" bzw "Moralki" hier ausiedeln. Es entstanden neue Siedlungen und darunter auch das Dorf **Bogovići**, das jetzt mit Malinska zusammengewachsen ist. Es ist interessant, dass Malinska als einzige Ort auf Krk kein urbanes Zentrum hatte. Sicher werden auch Sie be-

Dagmar Franolić • Galerija Dagmar

merken, dass im Zentrum von Malinska etwas fehlt, was in anderen Inselorten dominiert. Es ist die Kirche mit dem Glockenturm. Die Kirche steht nämlich im Hafen und ist eine der neueren auf der Insel. Lange Zeit war in der Gegend der Wald dominant, es gab auch Wiesen und Felder. Im 18. Jahrhundert wurde dann der Hafen gebaut, der zum wichtigsten Ausfuhrhafen der Insel wurde. Die Inselbewohner exportierten Holz, Öl und landwirtschaftliche Produkte 1788 baute man die ersten Häuser am Hafen, aber Malinska blieb bis Mitte des 19. Jahrhunderts ein armer Ort. Bergauf ging es nach 1866 als zum ersten Mal im Malinska-Hafen ein Dampfschiff anlegte. Das war der Triester Liniendampfer

Triest - Rijeka. Der erste Dampfer, der Feriengäste auf die Insel brachte, kam im Jahr 1880 an. Am Anfang handelte es sich um Ausflügler, die ihren Urlaub in **Opatija** machten. Die wunderschöne Natur in Dubašnica begeisterte viele von ihnen und das regte die Entwicklung des Fremdenverkehrs in diesem Gebiet an. Die Gäste kamen, um ihre Gesundheit in heiler Natur zu stärken, das Klima war mild, es gab sogar Wild. Der östereichische Thronfolger **Rudolph von Habsburg** verweilte 1885 in Malinska, brachte aber leider seine Flinte mit und viel Federwild überlebte seinen Besuch nicht. So fing der Jagdtourismus auf der Ins el an. Wenn der

Arhiv • Čedomir Franolić

Thronfolger etwas gut fand, dann folgten ihm viele. Der Besuch des Thronfolgers brachte Malinska Ansehen in der ganzen Monarchie. Anfang des 20. Jahrhunderts kamen immer mehr Monarchieeinwohner nach Krk und die Wiener Presse nannte den Ort Malinska "**Perle der Kvarner-Inseln**".

Malinska ist deutlich zu sehen, dass der Fremdenverkehr schon lange Fuß gefasst hat. Der Ort ist in der Saison sozusagen das hedonistische Zentrum der Insel Krk, das reiche Angebot an kulinarischen Leckerbissen, reges Nachtleben und andere Möglichkeiten zur Erholung und Unterhaltung ziehen

nicht nur die Gäste aus Malinska selbst sondern auch aus den benachbarten Orten an. In der Vor- und Nachsaison ist es nicht so dynamisch, dann kommen Gäste, die sich entspannen und erholen wollen.

Wenn Sie gern Rad fahren, können Sie einen Ausflug nach Porat oder nach Njivice machen. Unterwegs kommen Sie immer wieder an angelegten Badestränden (teilweise betonierten) vorbei. Richtung Njivice befindet sich ein großer Hotelkomplex mit verschiedenen Sportanlagen, Richtung **Porat** gibt es Villen und Häuser mit Appartements. Und wenn Sie Hunger

Neue Kirche in Malinska und die ausgestellte Straßenbahn aus Rijeka

bekommen, dann ist Ihr einziges Problem die Wahl unter den Restaurants. Sie finden alles, was die klassische Mittelmeerküche anbieten kann: Nudeln, Fisch, Muscheln und andere Meeresfrüchte. Wenn Sie aber lieber nach kontinentaler Art speisen, sehen Sie sich nach Fleischspezialitäten um. Sollte es vorkommen, dass Sie ein bisschen zu viel gegessen haben, können Sie schnell die überflüssigen Kalorien los werden, machen Sie sich auf den Weg nach Njivice, zu Fuß, oder mit dem Rad nach Porat... .

mal

Wenn Sie zu Fuß nach Njivice aus dem Zentrum von Malinska gehen wollen, gehen Sie die Küste entlang. Hinter dem Hotelkomplex Haludovo beginnt der "Paradies Weg" (Rajska cesta), ein wunderschöner Fußweg im Schatten der Baumkronen, der bis Kijac führt. Von Kijac bis Njivice führt eine gepflasterte Promenade. Immer wieder haben Sie Gelegenheit, wenn Ihnen zu heiß wird, Erfrischung im Meer zu finden, weil sich auf Ihrem Weg kleine Buchten und Strände aneinander reihen.

Wenn Sie sich für das Rad entschließen, ein Hinweis: der Paradies Weg ist paradiesisch nur etwa anderthalb Kilometer, danach muss man sich in die Pedale legen.

nska

Porat

Porat liegt westlich von Dubašnica, Malinska gegenüber. Im Ort gibt es große und kleinere Ferienhäuser. Die Siedlung wurde rund um das Franziskanerkloster aus dem Jahr 1480 erbaut. Das Kloster wurde, wie auch viele andere der sakralen Bauten auf Krk, im Auftrag der Fürsten Frankopan errichtet. Hier befindet sich auch die Kirche der **Heiligen Maria Magdalena** (crkva Svete Marije Magdalene), die auch der Familie Frankopan gehörte. Neben der Kirche wurde auch das Kloster des Glagoliten-Tertiarierordens (glagoljaši trećeredci) gebaut. Heute befindet sich im Kloster ein Kirchenmuseum, in dem aber auch Gebrauchsgegenstände aus der Gegend ausgestellt werden. Um das Kloster entwickelte sich der Ort mit Siedlern aus Venedig, die Venecijani genannt wurden. Daher die Namen für manche Restaurants.

In Porat gibt es keine Hotels aber man kann in Appartements Unterkunft finden. Die meisten Gäste sind Ausflügler aus Malinska und aus anderen Orten. Besuchen Sie auf jeden Fall das Porater Museum, wo Sie eine *Lada* sehen können, neben dem Schiff in Košljun das älteste Wasserfahrzeug auf der Insel Krk.

Poljica

Die würdevollen riesigen Krker Eichen sind auch einen Ausflug wert. Um zu ihnen zu gelangen, gehen sie durch den stillen Ort Poljica.

Poljica war früher ein wichtiger Ort, im Jahr 1808 hatte es 453 Einwohner und im Ort lebten 16 Priester. Der Fremdenverkehr machte einen Bogen um diesen Ort, was auch Fall bei vielen andere malerischen Dörfern der Insel der Fall war. Wir raten Ihnen, auch das Inselinnere zu besuchen (mit dem Auto oder noch besser mit dem Rad), damit Sie auch diese Seite, die Sie in keinem touristischen Prospekt finden, erleben können. Es lohnt sich auch, den schönen steinernen Glockenturm und den Brunnen vor dem Pfarrhaus zu besichtigen.

Die ganze Gegend ist so gelegen, dass sie vor Wind geschützt ist, was auch im Namen **Šotovento** (windgeschützte Stelle = zavjetrina) ausgedrückt ist. Der Eichenwald wird ***Drmun puški*** genannt (puški = pučki = Volks-). Die Familie Frankopan überließ den Wald den Bauern aus Poljica, Milohići, Nenadići, Žgaljići, Brozići und Bajčići, als Viehweide und um Holz für Eigenbedraf schlagen zu können. Hier gibt es noch einige mächtige Eichen, die eine Zierde der heilen Natur in Šotovento sind.

Wie Sie zu den Krker Rieseneichen finden

Wenn Sie nach Poljica kommen, sollten Sie gleich rechts auf einen nicht asphaltierten Weg abbiegen (1), etwa einen Kilometer weiter kommen Sie zu einer umzäunten Schafweide (vergessen Sie nicht, das Tor hinter sich zu schließen). Nach etwa 800 m zweigt sich nach links ein Fußweg ab(2), der zu den Bäumen führt.

(1) N 45° 05.110′ E 14° 29.553′
(2) N 45° 05.976′ E 14° 28.693′
(3) N 45° 05.739′ E 14° 28.226′

PAROCHIA
FATA DAI
COMUNISTI
DI POGLIZZA

Quercus petrea

Die mächtige Eiche oberhalb der Bucht Čavlena ist die größte und älteste auf der Insel. Wenn die Bäume sprechen könnten, wäre es sehr interessant zu hören, was alles in den letzten vierhundert Jahren in ihrer Nähe passiert ist. Der Umfang ihres Stammes beträgt 5,4 m, der Baumkrone etwa 30 m und sie ist über 20 m hoch. Der nächste Ast der parallel zum Erdboden wächst ist etwa 15 m lang und sein Umfang am Stamm ist über 3,5 m. Sein Umfang ist also größer als bei den Stämmen der erwachsenen Bäume in der Umgebung. Der kleinere und jüngere Baum ist nur 250 Jahre alt (wie Sie die beiden Bäume erreichen lesen Sie auf Seite 62 beschrieben).

Die alten Leute erzählen, dass unweit von den beiden riesigen Eichen ein noch größerer Baum stand, der aber am Tag, an dem der Erste Weltkrieg begonnen hat, vom Blitz getroffen wurde. Unter ihm, so wird erzählt, war ein Tümpel, die die Tränke fürs Vieh aus der ganzen Gegend war. Als die mächtigen Wurzeln, die die Erde zusammenhielten, verschwanden, verschwand auch die Tränke.

Glavotok

Glavotok

Glavotok (der Inselkopf: glava = der Kopf, die Insel = otok) ist eine kleine Ortschaft, die in der Umgebung des Franziskanerklosters der **Heiligen Maria** (Franjevački samostan Svete Marije) gebaut wurde. Das Kloster wurde zum ersten Mal als Sommerhaus mit Kapelle im Besitz der Fürsten Frankopan 1277 erwähnt. Im Jahr 1468 schenkte der Krker Fürst Ivan Frankopan das Sommerhaus und ein Grundstück dem Frater **Matija Bošnjak** mit dem Auftrag, hier ein Kloster zu gründen.

Die heutige Klosterkirche wurde 1507 gebaut und ist der ***Unbefleckten Empfängnis der Jungfrau Maria*** (Bezgrješno Začeće Blažene Djevice Marije) geweiht. Das Kloster wurde

Der kleine Hafen für Fischerboote aus Glavotok und aus benachbarten Orten.

mehrmals umgebaut. Wegen der hohen Wellen wurde das Kloster um ein paar Meter ans Ufer gerückt. Die Piraten plünderten es mehrmals. Die Ordensbrüder lebten in der Einsiedelei. Den Schutz vor Plünderungen erhoffte man sich vom massiven beschlagenen Tor, das man auch heute noch sehen kann. Seit dem Jahr 1875 arbeitete im Kloster die erste Druckerei auf der Insel Krk. Es ist interessant, dass der Gottesdienst bis zum (von 1962 - 1965 abgehaltenen) II. Vatikanischen Konzil in der altslawischen Sprache gehalten wurde.

Bis Glavotok führt eine enge asphaltierte Straße. Nördlich vom Kloster im Wald ist ein Campingplatzingplatz und es gibt auch private Appartements.

Der Wald um Glavotok steht unter Naturschutz und ist ein beliebtes Ausflugsziel. Bim Hafen und im Campingplatz sind gepflegte Felsenstrände und etwas weiter die sogenannten wilden.

Kloster mit der Sonnenuhr an der Vordeseite

Sveti Krševan

Der heilige Grisogonus

■ Die frühromanische Kirche des Heiligen Krševan befindet sich oberhalb der Bucht Čavlena. Etwas abseits, aber es war nicht immer so. Einst war es die Wallfahrtskirche der Seeleute und Fischer, wovon die alte Anlegebrücke in der Mršić Bucht in der Nähe der Kirche zeugt. Das Gebäude ist restauriert worden, aber es fehlen der Altar im Inneren und die steinernen Tauben über dem Eingang, die angeblich in der lezten Zeit gestohlen wurden. Nach der Österreichischen Zentralkomission für Denkmalschutz datiert die schöne im bizantinischen Stil gebaute Kirche aus dem Zeitraum zwischen dem 5. und 7. Jahrhundert. Neuere Untersuchungen ergaben aber, dass sie aus dem 12. Jahrhundert stammt.

■ Die Kirche des heiligen Krševan erreichen Sie von Glavotok. Den an entlang der Küste führenden Weg haben die Klosterbrüder gekennzeichnet. Aus dem Ort Milohnići finden Sie auch Wegweiser. Die Kirche ist ziemlich versteckt, aber es lohnt sich, nach ihr zu suchen; das ist immer eine interessante Wanderung.

VALBISKA

OMIŠALJ
NJIVICE
DOBRINJ
ŠILO
MALINSKA
VRBNIK
VALBISKA
KRK
PUNAT
BAŠKA
STARA BAŠKA

Valbiska ist eine Bucht zwischen Glavotok und der Stadt Krk. In der Bucht ist die Anlegestelle, die Fähre die Insel Krk mit der benachbarten Insel Cres verbindet. Die Überfahrt dauert etwa 20 Minuten. Auf Cres geht man von Bord im Ort Merag. Den Fahrplan finden Sie im Hafen, in Tourismusbüros oder im Internet unter

www.jadrolinija.hr

Valbiska ist nur für den Verkehr wichtig. In einem kleinen Restaurant können Sie ausgezeichnete Pizza essen, es gibt auch ein Café und eine Tankstelle.

Merag - Cres

Splendidissima civitas Curictarum

Mira Anić - KRČANKA, Krk

Krk, das antike Curicum, ist eine sehr alte Stadt: Vor 3000 Jahren, zu einer Zeit als an Stelle der meisten heutigen Großstädte noch Wälder, Wiesen und Sümpfe waren, war Krk bereits das urbane Zentrum der Insel. Heute ist es eine kleine Stadt aber seine Tradition ist groß.

Splendidissima civitas Curictarum - glanzvolle Stadt der Krkbewohner, so steht es auf einem antiken Grabmal aus dem 4. Jahrhundert. Wie es in der Antike war, so ist es auch heute: Krk ist eine wunderschöne Stadt. Im Gegensatz zu vielen Städten, die übereilt modernisiert und komerzialisiert wurden, hat Krk seine Würde und sein kulturelles Erbe bewahrt.

Im Stein wurde die Geschichte am eindrucksvollsten erhalten. Das älteste Dokument über die Stadt Krk, es dürfte auch die älteste Inschrift in ganz Dalmatien sein, stammt aus dem 1. Jahrhundert vor Christus. Im Dokument steht, dass die Stadtmauer zur Zeit des Präfekten **Taurus Patalius** erweitert wurde und zwar auf 111 Fuß Länge und 20 Fuß Höhe.

Mira Anić - KRČANKA, Krk

Die Römer mussten also nicht vom Anfang an bauen, sie kamen und bauten hinzu in der Stadt, die schon alle Charakteristiken städtischer Architektur besaß. Die heutigen Mauern stammen aus dem Mittelalter, nur einige Teile, z. B. diejenigen am Franziskanerkloster, am Kastell und an der Küstenseite, stammen aus der Zeit, als die Römer begannen, diese Gebiete zu besiedeln.

Die Altstadt hat vier Tore. Erst in den letzten Jahrzehnten wurde intensiver außerhalb Stadtmauern gebaut. Die Stadt ist seit eh und je ein administratives und wirtschaftliches Zentrum. In neueren Teilen der Stadt gibt es einige Einkaufszentren.

Der Tourismus diktierte die weitere Entwicklung der Stadt, was auch in anderen Orten auf der Insel der Fall war und ist. Alles wird dem Wohl und den

Arhiv • Čedomir Franolić

Wünschen der Urlauber untergeordnet.

Laut dem Einwohnerverzeichnis aus dem Jahr 2001 hat die Stadt Krk 5583 Einwohner. Die Stadt scheint aber größer zu sein, weil in den letzten Jahrzehnten die Anzahl der Ferienhäuser angestiegen ist.

Im Norden am oberen Tor steht die Kirche des **Heiligen Franz** (crkva Svetog Franje, [1]), die erstmals im Jahr 1277 erwähnt wurde. Neben der Kirche steht das Franziskanerkloster. Das ist eines von vier Franziskanerklöstern auf der Insel (die anderen drei sind auf Košljun, in Porat und in Glavotok) und das einzige in der Stadt. An die westliche Mauer gelehnt ist das zweite Kloster [3], das zum ersten Mal im Jahr 1223 erwähnt wurde. Dies ist ein Benediktinerinnenkloster.

3

Der vieleckige Turm am Ufer (4), teilweise erhalten bis zu 8 m Höhe, die Inschrift erwähnt den Fürsten Nikolaus (knez Nikola) und ist mit 15. September 1407 datiert.

Wer mit dem Schiff nach Krk kommt, den heißt Krk in seinem gut geschützten Hafen willkommen. In der antiken Zeit reichte das Meer bis zum neuen Friedhof, der sich hinter dem Kaufhaus befindet. Die Krk-Bewohner verdrängten das Meer und entrissen ihm immer neue Grundstücke, so dass man heute, wo früher Meer war, im Park sitzen kann. Da stehen auf alten Meeresgrund noch die Post, das Hafenamt, das Gebäude der Stadtverwaltung...

Wenn Sie sich gleich nach der Ankunft zum Einkaufen entschlossen haben und kein Bargeld dabei haben, können Sie es aus einem der zwei Geldautomten holen, die Sie am Kaufhäsern finden. In der Nähe sind auch eine Tankstelle (auch für Wasserfahrzeuge) und der Busbahnhof.

Im Hafen an der Uferpromenade (riva) ist der wichtigste Treffpunkt in der Saison. Da ist immer was los. An Verkaufsständen werden verschiedene Souvenirs und Gebrauchgegenstände verkauft.

Um nicht mit leerem Magen die Besichtigung der Altstadt zu beginnen, setzen Sie sich zuerst in eines der vielen gemütliche Restaurants und bestellen Sie etwas von den vielen Spezialitäten. Wenn Sie nicht gleich einen freien Tisch finden und keine Geduld haben zu warten bis Sie einen bekommen, gehen Sie in die Stadt, das Angebot ist auch reich und die Aussichten auf Erfolg bei der Suche sind größer.

In der Saison gibt es im Hafen viele Boote, deren Besitzer Touristen eintägige Ausflüge anbieten. Ziele sind die Insel **Prvić**, ein einzigartiges botanisches und zoologisches Reservat, oder Goli otok (die Kahle Insel, gol = kahl), jahrelang das kommunistische Straflager, oder auch die schöne Insel Rab mit ihren vielen Sehenswürdigkeiten. Wenn Sie einen von diesen Ausflügen machen möchten, müssen Sie nicht immer in den Hafen gehen um einen Platz zu buchen, für die Ausflüge wird auch an Badestränden geworben.

Es kostet nicht viel, wenn Sie an der Uferpromenade auf dem Esel reiten wollen. So können Sie helfen, dass auf der Insel die Tradition der Eselzucht fortgesetzt wird. Die edlen Tiere werden immer seltener gezüchtet, weil sie beim Landbau nicht mehr benötigt werden. Die Art und Weise wie sie jetzt ihren Lebensunterhalt verdienen, ist für die Esel keine harte Arbeit und für unsere Kleinsten eine große Freude.

In der Altstadt dürfen keine neuen Häuser gebaut werden, aber wenn man die zwei Fotos vergleicht, bemerkt man, dass eines der Häuser in der letzten Zeit ein bisschen gewachsen ist.

Das kleine Stadttor (5) führt als einziges direkt zur Küste. Über dem Tor ist eine Steintafel mit der Gestalt des Heiligen Kvirin (Sveti Kvirin), des Schutzpatrons der Stadt Krk. Identische Tafeln befinden sich über allen Toren zur Altstadt.

Krk mit Schnee bedeckt, ein seltsames Erlebnis

Am 8., 9., und 10. August wurde in Krk traditionell der Markt zu Ehren des Heiligen Lovro, des Schutzheiligen der Kaufleute, abgehalten. Zum Markt kamen Leute von der ganzen Insel aber auch vom Festland, um ihre Waren zu verkaufen. Der alte Brauch, der in Dokumenten aus dem Jahr 1524 erwähnt wurde, wandelte sich in ein großes Fest um, das mehrere Tage dauert - **Lovrećeva** (Tage des heiligen Lovro). Die Stadt wird zur Bühne, viele Folkloregruppen treten auf, ebenso die schon 1852 gegründete obligatorische Blasmusikkapelle der Stadt (die Musiker sind allerdings nicht ganz so alt), es gibt viele Verkaufsstände entlang des alten Hafenbeckens, auf der Hafenpromenade wird getanzt und am Ende des Festes gibt es ein Feuerwerk.

Arhiv • Čedomir Franolić

Als Souvenirs werden oft Sachen verkauft, die die Stadt und die Insel keinesfalls repräsentieren können. In diesem Prospekt sehen Sie viele, die für Krk charakteristische Motive enthalten. Bei der Vorbereitung dieses Hefts haben uns mehrere Souvenirgeschäfte unterstützt. Darunter auch die Galerie Dagmar, wo Sie viele originelle Souveniers finden.

Seit dem 16. Jahrhundert dominiert am Großen Platz (Vela placa) das alte Rathaus.
Es wurde zur Zeit der venezianischen Herrschaft erbaut und ist mit Wappen verziert.
Am Rathaus ist eine sehr interessante und einzigartige Uhr. Auf der Uhr sind die Stunden von 1 bis 24 angegeben.
Die Tagesstunden sind im oberen Teil und die Nachtstunden im unteren Teil der Uhr.

Als vor einigen Jahren der Platz (Placa) rekonstruiert wurde, fand man Reste einer kleinen Kirche und einige Grabmäler. Da das verfügbare Geld für die nötigen Restaurationsarbeiten nicht reichte, wurde alles wieder zugeschüttet.
So werden einmal in ferner Zukunft, beim nächsten Umbau, die Menschen wieder über "neue" Funde staunen.

Als das Gebäude der alten Post renoviert wurde (heute ein Restaurant), fand man Steinplatten von einem Brunnen. Die Platten wurden restauriert und der Brunnen auf dem Platz (Placa) rekonstruiert. Jetzt ist er ein beliebtes Fotoobjekt. Auf der Placa ist Tag und Nacht was los.

Unter der Galerie Stanić am Großen Platz (Vela placa) steckt einTeil der mehrschichtigen Geschichte der Insel Krk. Zwei Stockwerke unter der Bodenfläche beginnt die Geschichte, die vom Leben und der Entwicklung der uralten Stadt, zeugt. Die älteste ausgegrabene Mauer stammt aus frührömischer Zeit (rechts, auf dem rechten Bild unten), die Mauer wurde später von Römern erweitert (das untere Bild links, und das mittlere Bild). Zwischen diese Mauern ist jetzt Meerwasser eingedrungen. Im Mittelalter wurde dann die Stadt beachtlich erweitert.

Dieser schöne Opferaltar (leider war sein Zweck nicht so schön) stammt aus einem Venustempel, dem ältesten seiner Art an der Adria. Im Hof zwischen der vorromanischen und der mittelalterlichen Mauer sind die Überreste einer militärischen Festung (auf dem Bild rechts).

Es ist interessant durch die engen Gassen zu bummeln, aber passen Sie auf, man kann sich auch verirren. Dazu eine kurze Geschichte: Nach Krk kam als Lehrerin eine junge Dame aus dem Landesinneren, sehr korrekt und pünktlich, aber es passierte ihr immer wieder, dass sie in die erste Stunde zu spät kam. Die Sache wurde schnell geklärt, als sie ihren Kollegen gestand, dass sie mit den Sackgassen in Krk nicht klarkam.

Bie den Gassen muss man die einfachen Längsmarkierungen beachten. Alle Gassen, die Sie "wohin" führen (nicht notwendiger Weise nach Rom!), haben in der Mitte eine Steinreihe, die in Straßenrichtung angelegt wurde. Wenn in einer Gasse dieser Steinstreifen fehlt, ist es fast hundertprozentig sicher, das Sie

diese Gasse in einen Privathof führt. Nichts Schlimmes, wenn Sie unter keinem Zeitdruck stehen. Vielleicht entdecken Sie einen stillen Winkel, der es seiner Schönheit wegen wirklich verdient, gesehen zu werden. Solche abgelegenen und verborgenen Stadtteile bewahren ihre Stille auch wenn im Stadzentrum das sommerliche Gedränge herrscht. Keine Angst vor den Hausbesitzern, in Krk sind die Leute nicht böse.

Alle Gassen, die eine Längsmarkierungen haben, enden auf der Hauptstraße. In der Hauptstraße pulsiert das Leben, besonders am Abend, wenn alle Geschäfte offen sind. Nach dem Tag am Strand, während ihre Haut vom Sonnenbad leicht spannt, können Sie hier Geschenke für zuhause kaufen, bei Goldschmieden interessante Schmuckstücke wählen und Galerien besichtigen. Aus allen Konditoreien wird man Sie in verschiedenen Sprachen ansprechen, damit Sie sich mit Eis erfrischen ...

Das Freiheitstor

Durch das Freiheitstor [9] im Osten in Richtung Punat ließ die Stadt ihre Mauern hinter sich. Zu Beginn des 20. Jahrhunderts wurden die ersten Hotels errichtet, und Badestrände bestimmten die Landschaft der nahe gelegenen Buchten.

Die Gärten entlang der Stadtmauer zeigen noch wie frueher die Gegend aussah, als noch nicht Einfamilienhäuser über Ölhaine und Ackerflächen dominierten. Auf diesen karstigen Flächen ist Anbau von Nahrungsmitteln mühsamer und bringt weniger Geld als Zimmervermietung. Das einzige, was

heute auf den frühern Feldern bei der Stadt gesäht wird und sehr gut wächst, sind Schilder mit "Zimmer frei", "Camere",...

Unmittelbar bei der Stadtmauer gibt es einen allerdings nicht sehr großen Parkplatz und einen Spielplatz für Beach Volleyball am Meer. Außerhalb der Stadtmauern gibt es einige Restaurants und zahlreiche Fremdenzimmer und Appartements. Entlang der Stadtbadestrände führt eine Promenade, von wo Sie bei Nacht die beleuchteten alten Häuser und andere Sehenswürdigkeiten der Stadt bewundern können.

Arhiv • Čedomir Franolić

Zizyphus jujuba - in Krk žižula genannt, stammt aus Asien und wächst auch in China und Indien. Auf der Insel Krk und auf anderen kroatischen Inseln wird diese Obstsorte seit langer Zeit gezüchtet, jetzt nicht mehr so oft wie früher. Es ist ein Dornstrauch und die Früchte sind etwa so groß wie Oliven. Reife Früchte sind braun und schmecken nach Dörräpfeln. Žižula verträgt sowohl die niedrigen als auch die hohen Temperaturen aber starke Nordwinde nicht. Aus diesem Grunde findet man žižula - Sträucher nur innerhalb der Stadtmauer.

Auf Kamplin befindet sich ein Kastell der Familie Frankopan (10). Die in der Vergangenheit für die Abwehr sehr wichtige Festung spielt eine bedeutende Rolle im heutigen Kulturleben der Stadt. Die Krker Fürsten ließen in der zweiten Hälfte des 13. Jahrhunderts den größten Teil des Kastells auf den altrömi-

schen Mauern bauen. Im viereckigen Turm, der dem Dom am nächsten ist, befand sich schon im Jahr 1191 der Gerichtssaal der Fürsten Frankopan (11). Vom Gerichtssaal zeugt die Inschrift oberhalb des Tors, worin es heißt, dass sich am Bau die ganze Gemeinde beteiligte. Gebaut wurde zur Zeit des Krker **Bischofs Johann** (biskup Ivan) und der Fürsten **Berthold** und **Veit** (Bartol i Vid), die Söhne des ersten Krker Fürsten **Dujam I.** waren.

Das Wahrzeichen von Kamplin ist ein runder zweistöckiger Turm an der anderen Seite der Festung. An diesem Turm

Kamplin

wurde nachträglich, im 16. Jahrhundert, eine Steintafel angebracht. Die Tafel zeigt das venezianische Symbol des heiligen Markus, einen geflügelten Löwenkopf und die Inschrift *Aureae Venetorum libertati* - der heiligen venezianischen Freiheit (10a).

Hier finden viele Veranstaltungen des Krker Sommers statt, die von der Zentrale für Tourismus der Stadt Krk schon seit Jahren organisiert werden. Auf dem Platz oder innerhalb des Kastells finden Konzerte mit klassischer Musik (auf Riva ist es anders), Theatervorstellungen und das Jazz Festival statt.

Wo einst Urteile gefällt und Strafen vollzogen wurden, spielen sich heute Morde, Intrigen und Liebesszenen nur im Rahmen des Sommertheaters ab.

Kamplin

10a

Ein Löwe - als Symbol in Stein gemeißelt finden Sie ihn sehr oft auf der Insel, obwohl dieses Tier nicht gerade Bestandteil unserer Fauna ist. Er ist ein Zeichen ehemaliger venezianischer Vorherrschaft in der Region - bekannter Maßen ist es das Tier, das in den Kanälen von Venedig so häufig ist. Der Symbolwert moderner Modelle dieses Raubtieres ist nicht so ganz klar, sie findet man entlang von Gartenzäunen, wo sie wie Kanarienvögel herumsitzen; wahrscheinlich sind sie das mächtige Symbol der Zimmervermietung.

Eingang zum alten Gerichtssaal der Fürsten Frankopan. Seit 1191 wurde dort gerichtet und geköpft. Es lohnt sich zu besichtigen.

Der neue Krker Gerichtssaal, es wird nicht mehr geköpft, vermeiden Sie aber auf alle Fälle einen möglichen Besuch.

11

Dem Dom gegenüber neben dem Kastell ist das Gebäude der Krker Diözese (12), der ältesten Institution auf der Insel.

Der Krker Dom (13) ist neben dem Kastell Frankopan das bekannteste Wahrzeichen der Stadt. Die frühchristliche Basilika wurde im 5. Jahrhundert an Stelle von römischen Thermen gebaut. Als die Kirche restauriert wurde, entdeckte man ein Mosaik, was darauf hinweist, dass die Becken später als Taufbecken gebraucht wurden. Die Erwachsenen wurden bei der Taufe ins Becken eingetaucht.

Der Dom wurde zum ersten Mal im Jahr 1186 erwähnt, er

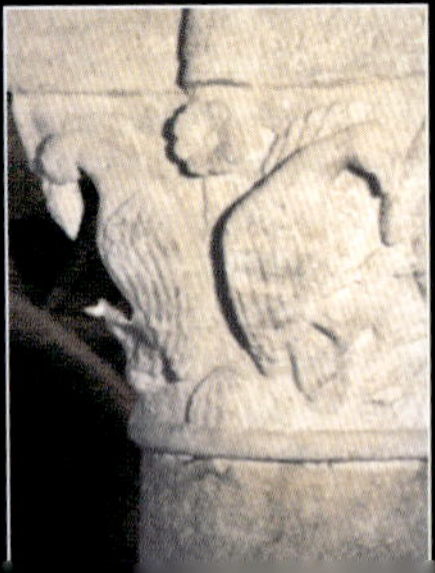

Der Krker Dom

ist der *Himmelfahrt Mariens* geweiht. Die ursprüngliche Bauform wurde während der Zeit geändert, man kann heute am Dom Einflüsse von Romanik, Gotik, Renaissance und Barock sehen.

Rechts im Dom ist ein Holzrelief, das früher am Hauptaltar war. **Johann Frankopan** bestellte es 1477 vom Meister **Koler** und schenkte es der Kirche. Als in den achtziger Jahren in Paris eine große Ausstellung der "jugoslawischen" Kulturtradition stattgefunden hat, war auch dieses Holzrelief ausgestellt.

Das Kapitell der ersten Säule ist einzigartig und interessant, weil darauf die frühchristlichen Symbole dominieren. Es wurden nämlich Vögel, die Fisch fressen dargestellt.

An den Dom lehnt sich die frühromanische Kirche des *heiligen Kvirin* (Sveti Kvirin), des Schutzheiligen der Stadt

Sv. Kvirin

(der Platz trägt denselben Namen). Die Kirche wurde aus weißem einheimischem Stein gebaut und hat zwei Niveaus, zwei Stockwerke, was einzigartig ist. Zur Zeit der Fürsten Frankopan konnten der Messe im unteren Stock die Sträflinge aus dem benachbarten Kerker beiwohnen, was auch ein Kuriosum ist. Es war eine dreischiffige Kirche, heute ist sie zweischiffig - ein Kirchenschiff wurde in einen Straßendurchgang umgewandelt.

Der gemeinsame Glockenturm, der heute die Stadt dominiert, wurde 1515 gebaut. Den hölzernen Engel auf der Turmspitze ließ man in Venedig mit Kupfer überziehen. 1973 wurde er gegen einen Engel aus Plastik, der nach dem Original gegossenen wurde, umgetauscht.

Hier befindet sich das Museum für sakrale Kunst, das einen Besuch wert ist.

14

Beim Dom befindet sich eine interessante Ausstellung, zu den Themen "Meer" und "Schiff" die von Željko Skomeršić eingerichtet wurde. Željko Skomeršić ist ein begabter Schiffsmodellbauer. In Dachböden seiner Nachbarn sammelte er geworfene Gebrauchsgegenstände und alte Schiffsausrüstung. Er restaurierte das Gefundene und stellte es in diesem kleinen Museum aus. Hier können Sie auch sehen, wie Schiffsmodelle gebastelt werden. Sollte Ihnen eines von den ausgestellten Modellen gefallen, kaufen Sie es, es entstand in der Werkstatt des Meisters, der bei den Weltmeisterschaften 1998 mit der Bronzemedaille ausgezeichnet wurde.

Dagmar Franolić • Galerija Dagmar, Krk

Handwerke

Auf der Insel betrieb man hauptsächlich Landwirtschaft und in der Stadt Krk gab es viele Handwerker. Fleißige Meister erzeugten Gebrauchsgegenstände und reparierten, was kaputt war. Heute gibt es leider immer weniger Handwerke in Krk. Mit der Zeit und infolge der Industrieentwicklung brauchte man viele der Werzeuge, die die Handwerker erzeugten, nicht mehr, und so mussten sie ihre Werkstätten schließen. Heute können sie ihre künstlerischen Talente bei der Erzeugung von Souvenirs zeigen.

Die Handwerkserzeugnisse dominierten früher auf den Krker Märkten, heute gibt es bei dieser Gelegenheit nur Souvenirs und viel, viel Unterhaltung.

In der Handwerkergeschichte steht für immer geschrieben:

- 1402 begann mit seiner Arbeit der erste Barbier, Meister Damjan
- 1419 im Gebiet Galija wurde der erste öffentliche Backofen in Betrieb gesetzt
- 1488 wurden Schmiede aus der Familie Fiorentin erwähnt
- 1489 die erste Goldschmiede erwähnt
- 1489 der erste Schuster, Matija
- 1491 der erste Schneider, Mate Musanić
- 1515 das erste Dokument über die Krker Tischler.

Badestrände

Dražica - 1930.

Anfang des 20. Jahrhunderts begann man Badestrände einzurichten, und immer noch werden neue angelegt. Vom Hafen aus die Wellenbrecher entlang Richtung Ježevac ist einer der jüngsten Badestrände, danach folgt der teilweise betonierte Badestrand des Campingplatzes und weitere Strandanlagen.

Wenn es Ihnen nichts ausmacht, auf dem engen steinigen Weg am Meer ein paar Kilometer zu Fuß zu gehen, finden Sie auch natürliche Feinkies- und Steinstrände. Wenn Sie sich vom Stadttor in die entgegengesetzte Richtung begeben, finden Sie mehrere Buchten, in denen sich unter den Hotels die ältesten Badestrände befinden. Es gibt betonierte Plätze zum Sonnenbaden und im Meer feinen Sand, so dass diese Badestrände sehr beliebt sind. Während Sie am Strand die Sonne genießen, haben Sie eine herrliche Aussicht auf die Stadtmauern.

Die zweite Bucht heißt Dražica. Da können Sie im Schatten der Kiefern den Tag verbringen. In Dražica gibt es auch einige Hotels. Die Reihe der Strände endet mit dem FKK-Strand und dem Campingplatz. Nach dem Campingplat erstreckt sich die Halbinsel Prniba.

Das Wassersportangebot in der Umgebung der Stadt Krk ist nicht besonders attraktiv. Hierher sollten diejenige kommen, die Erfrischung im Meer suchen, gern in der Sonne lieger und gemütlich in Restaurants am Strand etwas Leckeres essen oder guten Wein trinken wollen.

Dražica - 2003.

■ Einige Tennisplätze sind am Campingplatz Ježevac und oberhalb der städtischen Badestrände neben Hotels, und manchmal bei Privathäusern.

Prniba

■ Auf der grünen Halbinsel Prniba kommen sportliche Urlauber auf ihre Rechnung. Es gibt Wander- und Radfahrwege (mittelschwer, nicht asphaltiert). Im Frühling, wenn es nicht so viele Leute in der Gegend gibt, kann man beim Spaziergang auch Rehe sehen. Wenn Sie in Krk sind und auf die Halbinsel Prniba kommen wollen, sollen Sie Richtung Punat fahren und vor der Tankstelle rechts abbiegen, als ob Sie zum FFK-Campingplatz gelangen wollten. Nach etwa 200 m links am Hügel beginnt eine nichtasphaltierte Straße.

Kornić

Diesen kleinen, netten Ort, auf den wir von Petar Kopanica besonders aufmerksam gemacht worden sind, müssen wir in diesen Überblick über die Insel mit aufnehmen. Dank des Unternehmergeistes der Bevölkerung und des Angebotes an Unterkünften wird es nur mehr wenige Jahre dauern, bis wir beim Verlassen der Stadt Krk von einem Schild "WILLKOMMEN AN DER KORNIĆ RIVIERA" begrüßt werden.

ski•lift

In letzter Zeit ist dieser Ski-Lift sehr populär geworden. In Kroatien gibt es nur noch einen dieser Art. Er befindet sich unmittelbar an der Straße in der Bucht Puntarska draga. Wenn Sie im Wasserski geschickt sind, das wäre was für Sie. Hier finden auch attraktive Rennen statt.

Sveti Dunat

Da sich die kleine Kirche an einer ziemlich schnellen Straße befindet, wird sie sehr selten von den vorbeifahrenden Touristen beachtet. Der frühromanische Bau steht tief in der Bucht Puntarska draga. Die Kirche, dem Heiligen Dunat (Donat) geweiht, wurde im 12. Jahrhundert gebaut. Neben der frühromanischen Kirchen in Zadar und Nin ist das eines der berühmtesten sakralen Objekte an der kroatischen Adriaküste. Ursprünglich war Sveti Dunat mit Steintafeln verkleidet.

In der Nähe der Kirche befand sich vor dem Zweiten Weltkrieg ein Gasthaus. 1945 hatten die Partisanen im Gasthaus ein Munitionslager. Im November 1945 explodierte das Lager. Die Explosion war verheerend, den Krach bekam man fast auf der ganzen Insel zu hören, die Leute, die sich auf den umherliegenden Feldern und am Strand befanden, wurden getötet. Wo früher das Gasthaus stand, blieb ein tiefer Krater. Die Kirche war auch beschädigt. Im Jahr 1949 wurde sie unter der Leitung des Architekten A. Freudenreich restauriert.

Arhiv • Čedomir Franolić

Arhiv • Čedomir Franolić

Mira Anić - KRČANKA, Krk

PUNAT

P U N A T

Einige Kilometer von Krk entfernt liegt das Städchen Punat. In die vor Wind geschützte ausgedehnte Bucht, in der sich Punat befindet, kommt man auf der Straße, die dicht am Meer führt. Die geschützte Lage war für Einrichtung eines Jachthafens ideal und so entstand hier die größte Marina an der kroatischen Adria. Bevor die zahlreichen Touristen die Marina mit ihren Jachten überfluteten, war Punat für Landwirtschaft und Olivenbau bekannt. Die auf der Insel Krk einzige Ölmühle, in der man Olivenöl presst, befindet sich in Punat. Heute wird das Öl in einer neuen Fabrik erzeugt, aber von der langen Tradition zeugt die alte Ölmühle, einer der ältesten Bauten im Ort. In letzter Zeit ist die Olivenernte auch ein Teil des touristischen Angebots.

Pfarrkirche der heiligen Dreifaltigkeit
(Župna crkva Svetog Trojstva)
Die Pfarrkirche der heiligen Dreifaltigkeit, die sich im älteren Teil von Punat befindet wurde im Jahr 1777 gebaut. Die Gassen, die zu ihr führen, sind wie auch in anderen Küstenorten eng und geheimnissvoll. Zwischen den Steinhäusern erblickt man plötzlich schmale Durchlässe, die dem Städtchen einen besonderen Charme verleihen.

P U N A T

Die Geschichte Punats reicht weit in die Antike zurück. Illyrische Stämme, Griechen und Römer hinterließen ihre Spuren. Man nimmt an, dass sich die älteste Ansiedlunge am Ende der Bucht gegenüber der Halbinsel Prniba befand.

Den Namen Punat (pons = Brücke) bekam das Städchen höchstwahrscheinlich deswegen, weil in der Vergangenheit eine hölzerne Brücke die Siedlung mit der Halbinsel Prniba verband. Es wird angenommen, dass den Bewohnern der Stadt Krk die Brücke dazu diente, schneller ihre Felder bei Punat zu erreichen. Der Name Punat wurde zum ersten Mal 1377 in einer Schrift erwähnt.

Die Einwohner von Punat betrieben Landwirtschaft und Fischerei wie die meisten Inselbewohner, aber sie bauten auch Schiffe. In Punat wurde die Österreichisch-kroatische Dampffahrtsgesellschaft gegründet. Das erste Dampfschiff **Frankopan** verkehrte zwischen den Inselorten und dem Festland.

1922 gründete **Nikola Zorić** die Werft in Punat, aus der Werft entwickelte sich später auf Anregung von William R. Nesher, einem Amerikaner wohnhaft in Deutschland, die bekannte Marina. William R. Nesher ließ 1962 in der Punater Werft drei Boote bauen und schlug auch vor einen Jachthafen zu gründen. 1964 wurde an der Planung gearbeitet und 1965 wurde der Bootssteg mit bescheidenen drei Anlegeplätze zur Verfügung gestellt. Heute ist die Marina die größte an

der Adria und die meisten Jachthafenbenutzer kommen aus Österreich und Deutschland. Die Marina bietet ein breites Angebot an Dienstleistungen: in Winter gibt es Liegeplätze an Land, verschiedene Werkstätten (Reparatur und Wartung) usw. Es werden mehrmals im Jahr national und internationale Segelrennen organisiert.

Vor dem Ort, entlang der Küste ist ein große Parkplatz (in der Hochsaison herrscht Parknot). Es reihen sich Restaurants und Stände mit Souvenirs aneinander. Dann kommt man in den Hafen und weiter auf der Promenade zu den Hotels, zum Autocampingplatz und den Badestränden. Der FKK-Campingplatz ist außerhalb der Stadt in der Bucht **Konobe**.

Die Promenade ist 3,5 km lang. Man kann spazieren gehen oder Rad fahren. Auf der Promenade verkehrt auch der kleine Zug, mit dem Sie preisgünstig fahren können. Den Fahrplan finden Sie an jeder Haltestelle.

Wenn Sie sich in Punat aufhalten und gern wissen möchten, was alles in der Stadt los ist, können Sie sich jederzeit auf dem im Stadtzentrum ausgehängten Plan der Kultur- und Sport- und Unterhaltungsveranstaltungen informieren.

Die Badestrände am Ende der Puntarska draga (draga = Bucht) sind mit Feinkies bedeckt oder teilweise betoniert. Das Sport- und Freizeitangebot ist hier wahrscheinlich das reichste auf der ganzen Insel. Wer faulenzen will, setzt sich in ein Café, den dynamischen Urlaubern dagegen Wasserrutschen, Strandvollyball, Tischtennis, Boote, Jet-ski, Bananareiten und Fallschirmgleiten zur Verfügung.

Es ist nicht immer gerade billig, aber sogar für das Fallschirmgleiten gibt es immer viele Interessenten, weil der Anblick auf die Insel aus der Vogelperspektive unvergesslich ist.

YAMAHA

FKK-Campingplatz Konobe und die nahegelegenen Buchten

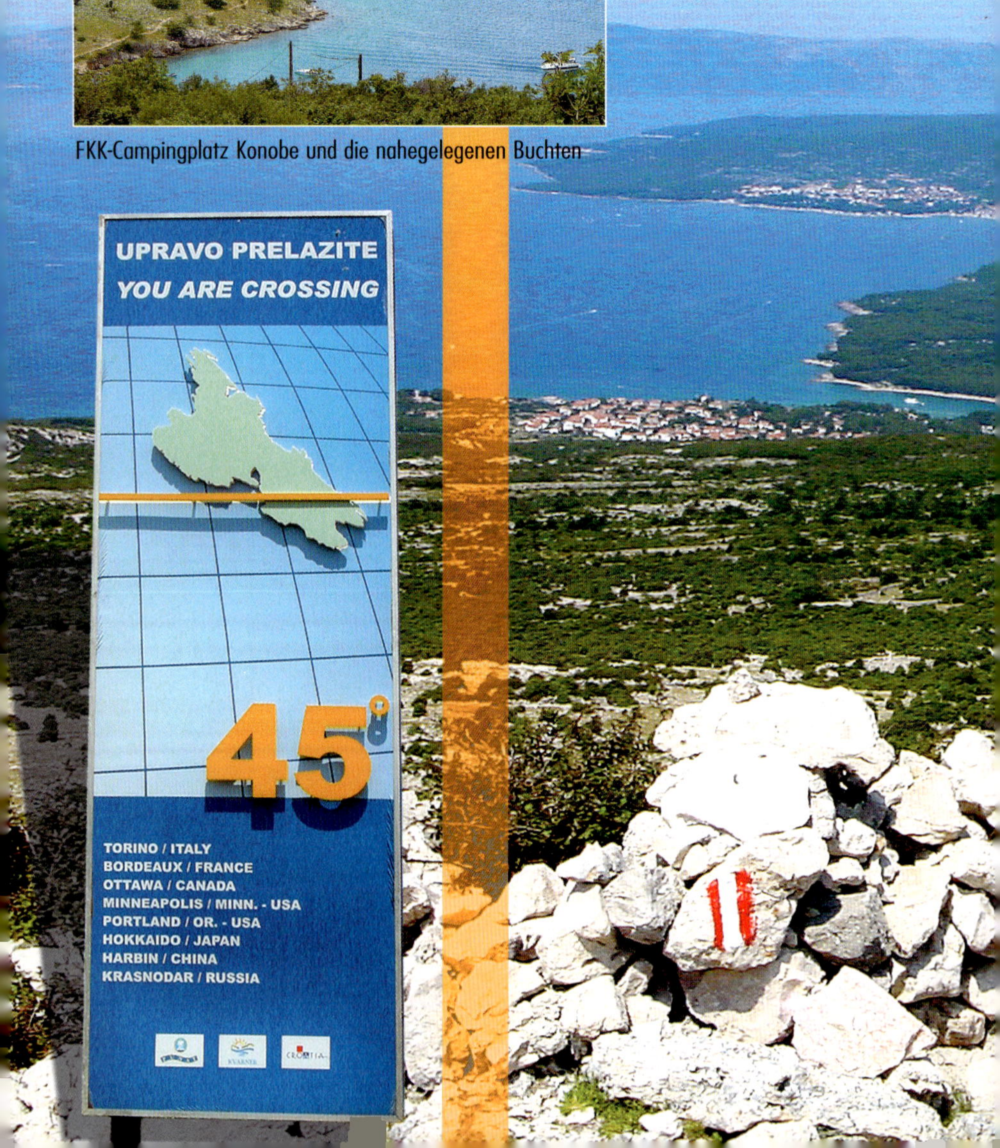

Wenn Sie des Lärms und des Menschentumults überdrüssig sein sollten, begeben Sie sich auf die Hügel oberhalb von Punat. Die markierten Wanderwege führen Sie in eine stille Gegend von der Sie die schönste Aussicht genießen können.

Umfang: etwa 1000 m
Fläche: 68000 m^2
Höhe: bis 6 m
Wassertiefe um das Inselchen: etwa 1,5 m

Das Inselchen **Košljun** ist eine kulturhistorische Lokalität, die Sie unbedingt besichtigen sollten, wenn Sie auf die Insel Krk kommen. Es liegt in der Bucht Puntarska draga, etwa 800 m von Punat entfernt und ungefähr 190 m vom Kai des Heiligen Mikula (Richtung Krk). Eine Taxi-Bootfahrt aus Punat ist nicht teuer. In der Saison gibt es auch Linienschiffe aus Krk. Auf Košljun finden Sie keine Restaurants, planen Sie deswegen einen kürzeren Ausflug. Wie lange Ihr Aufenthalt dauern sollte, müssen Sie mit dem Bootsbesitzer besprechen.

Auf dem Inselchen ist die Vegetation üppig, sein Umfang beträgt etwas mehr als 1000 m, es umfasst die Fläche von 68000 m^2, der höchste Punkt ist 6 m über dem Meeresspiegel. Auf dieser bescheidenen Fläche wurden 540 Pflanzen- und Pilzarten registriert (das ist etwa die Hälfte von dem, was in ganz Großbritanien nachgewiesen wurde).

Auf Košljun ist ein Franziskanerkloster. Die Klosterbrüder bewahrten bis heute viele Kostbarkeiten, die sie jahrelang gesammelt haben.

Im Hafen dominiert die Gestalt des **Heiligen Franziskus** (Sveti Franjo) mit dem Wolf. Der heilige

Im Hafen dominiert die Gestalt des heiligen Franziskus mit dem Wolf. Der Weg zum Kloster ist schön angelegt. Oberhalb des Klostereingangs steht der Franziskanergruß Friede und Heil (Mir i dobro) in der altkroatischen glagolitischen Schrift. Die Glagoliza wurde in den Küstengebieten bis zum Ende des 19. Jahrhunderts verwendet.

Franziskus, Begründer des Franziskanerordens, wurde oft so dargestellt. Vom Hafen führt ein schattiger Weg zum Kloster. Links vom Kloster befindet sich das Museum mit einer ethnographischen Sammlung. Die Sammlung enthält zahlreiche Gebrauchsgegenstände der Fischer und Bauern von der Insel Krk, wie sie Ende des 19. und Anfang des 20. Jahrhunderts in Gebrauch waren und Volkstrachten von der ganzen Insel. Oberhalb des Klostereingangs steht der Gruß *Friede und Heil* (Mir i dobro) in der altkroatischen glagolitischen Schrift, weiterhin das Wappen der Familie Frankopan, der einstigen Eigentümer der Insel, das kroatische Wappen (zentral) und das Franziskanerwappen. Im Klosteratrium ist die Zisterne und unter seitlichen Wölbungen die Muschelsammlung und eine Sammlung ausgestopfter

Eingang und das Atrium des Franziskanerklosters

Tiere (einige Exemplare sind einzigartig). Immer schon waren die Franziskaner auch an Naturwissenschaften interessiert, wovon ihre Sammlungen zeugen. Hier sind auch Tafeln ausgestellt, die während des Klosterumbaus gefunden wurden.

Vom Eingang geradeaus steht die Kirche der ***Mariä Verkündigung*** (Navještenja Marijina). Die Kirche wurde im Jahr 1523 fertiggebaut und steht auf dem Unterbau einer Benediktinerkirche aus dem 11. Jahrhundert. Über dem Altar bedeckt die Wand das im Küstengebiet Kroatiens größte bewegliche Bild, das auf Leinwand gemalt wurde. Die Leinwandmalerei ist 10 m breit und 4,6 m hoch. Das Bild stellt das

Ein Teil der zoologischen Sammlung. Im Atrium des Klosters kann man neben den unterschiedlichsten Muscheln auch einzigartige Tiere sehen. Seltsamerweise leben auf Košljun weder Schlangen noch Eidechsen.

Der Künstler hat das Gesicht Johann VII. Frankopan Johannes dem Täufer gegeben. Im Atrium sind Teile seiner Grabplatte (oben), obwohl es nicht sicher ist, dass er dort begraben liegt. Auf der Grabplatte sind nur Symbole, weil die venezianischen Herrscher verboten haben, sein Namen und seinen Grab zu bezeichnen. Der abgetrennte Kopf Johannes des Täufers soll den Vornamen symbolisieren und das Wappen den Familiennamen Frankopan. Auf demselben Bild wurde auch seine Tochter Katharina dargestellt, die die Vollendung der Kirche Mariä Verkündigung finanzierte. In der Kirche ist sie heute begraben.

Lada

Das Museum auf Košljun hat eine reiche ethnografische Sammlung mit den Exponaten von der ganzen Insel Krk. Es gibt auch eine numismatische Sammlung. Neben den alten Münzen werden auch Gelder aus der ganzen Welt ausgestellt, die die Klosterbesucher gespendet haben.

Paradies, das Purgatorium und die Hölle dar. Es war ein Geschenk des Statthalters (providur) der Insel Krk, **Nikolo Dandolo** (Katherina Frankopan heiratete in die Familie Dandolo) für die Stiftung der Fürsten Frankopan. Das Werk stammt von **Francesco Ughetto**, dass es im Jahr 1654 geschaffen hatte. Das wertvollste Stück in dieser Kirche ist das Polyptychon am Hauptaltar, ein Werk von **Girolama da Santa Croce**, das im Jahr 1535 entstanden ist. Wie es zu dieser Zeit üblich war, hat der Künstler den kristlichen Gestalten seines Werk es die Gesichter der Stifter gegeben.

Neben dem **Heiligen Quirinus** (dem Schutzpatron der Stadt Krk) sieht man den **Johannes den Täufer** (sveti Ivan Krstitelj)

■ Paradies, Purgatorium, Hölle (unten), bewegliches Bild, ein Foto aus den 30-ger Jahren

Arhiv • Cedomir Franolić

mit dem Gesicht **Ivan VII. Frankopan** und die heilige Katharina mit dem Gesicht seiner Tochter **Katarina Frankopan**.

In Košljun befindet sich außerdem ein modernes Meisterwerk. Im Jahr 1960 zeichnete **Ivo Dulčić** *14 Stationen mit der Darstellung des Leidens Christi* (križni put=Kreuzweg).

Rechts von der heutigen Kirche ist die Kirche des heiligen Bernhard. In der Kirche ist eine Ausstellung sakraler Kunst, darunter sind alte aber auch moderne kroatische Maler und Bildhauer vertreten.

Das Kloster besitzt eine reiche Bibliothek mit etwa 30000 Büchern, von denen einige aus der Zeit der Klostergründung stammen. Das sind Wiegendrucke, ***Inkunabeln***. Das älteste Buch ist aus dem Jahr 1471. Einige Bücher sind sehr rar, wie zum Beispiel eines der drei Exemplare des berühmten 1511 in Venedig gedruckten *Ptolemäus-Atlas*.

Östlich der Kirche ist der Klosterfriedhof. Er ist seit 1999 mit dem Mosaik ***Weg in die Ewigkeit*** (Hod do vječnosti) von **Sergije Mihić** verziert. Auf der Insel geht man auf schön angelegten Wegen. Östlich vom Kloster kommt man zu den interessanten Kreuzwegstationen und einer Kapelle.

• Geschichte

Es gibt eine Legende von der Entstehung der Insel Košljun. Die Legende erzählt, dass die Bucht eigentlich keine Meeresbucht war sondern ein Feld. Das Feld gehörte Brüdern, von denen einer blind war. Alle Brüder arbeiteten gemeinsam im Feld aber bei der Ernteteilung betrogen die anderen Brüder den blinden. Das erboste Gott sehr und er ließ das Meer das ganze Feld überfluten. Verschont blieben nur Grundstück und Haus des blinden Bruders.

Soweit die Legende. Konkrete Überreste zeigen, dass zur römischen Zeit auf dem Inselchen ein Sommerhaus stand, die *Villa rustica* eines reichen Bewohners der Stadt *Curictum* (Krk). Im kleinen Lapidarium auf Košljun werden auch zwei Grabsteine (cipus) aus dieser Zeit aufbewahrt. In Schriften aus dem

■ Interessant dargestellte Kreuzwegstationen, im Wald östlich des Kloster. Bis dahin führen Wege, wie sie auch das ganze übrige Inselchen erschließen.

Jahr 1481 findet man die Namen *Castillio*, *Castellio* und *Castigion*, dann später 1504 *Camglion* und schließlich 1520 *Casgliun*, *Castellio*, *Cassion*, *Cursion*, *Corsion*. Daraus enstand der heutige Name *Košljun*.

Auf den Ruinen der Villa bauten im 11. Jahrhundert die Benediktiner ein Kloster, von dem nur ein romanischer Turm erhalten ist, der sich über der Kapelle des **heiligen Bernhard** befindet. Als die Benediktiner das Inselchen verlassen hatten, holten **Martin** und **Johann Frankopan** Mitte des 15. Jahrhunderts Fanziskaner nach Košljun. Aus dieser Zeit stammt die große Kirche Mariä Verkündigung, die **Johann VII. Frankopan** und seine Tochter **Maria Katharina** stifteten. Der Bau wurde noch zur Lebzeiten des Fürsten begonnen und vollendet mit den 1000 Dukaten, die Katharina in ihrem Testament für diesen Zweck verfügte. Es war ihr ausdrücklicher Wunsch, in dieser Kirche begraben zu werden. Sie starb 1520 in Venedig, wohin sie mit ihrem Vater entführt worden war. Neun Jahre später wurden ihre Knochen nach Košljun gebracht und begraben. Dort ruhte sie bis zum 27. Dezember 1920, als plündernde italienische Soldaten (arditi), mit denen auch der Dichter und Abenteuerer **D´Anunnzio** umherzog, das Inselchen überfielen. Sie nahmen die Ordensbrüder fest, verprügelten sie und zerstörten die Gruft, weil sie die Schätze der Familie Frankopan suchten.

Die ursprüngliche Grabplatte der Katharina Frankopan

befindet sich heute am Eingang der Kirche an der Wand links. Ihre Reste ruhen unter dieser Platte. Von der Grabplatte für Johann VII. Frankopan wurden nur Teilen gefunden, weshalb es nicht sicher ist, ob er dort tatsächlich begraben war oder für ihn dort nur der Grab vorbereitet worden war.

Von 1894 bis 1928 war auf Košljun ein Gymnasium, das von den Franziskanern betrieben wurde.

• Was erwartet Sie auf Košljun?

Da sich auf dem Inselchen Košljun das Franziskanerkloster befindet, gibt es dort keine Gaststätten oder Unterkunftsmöglichkeiten.

Auf dem Inselchen gibt es auch keine öffentlichen Badestrände (Bademöglichkeit gibt es für Ordensbrüder nur im geschlossenen Privatteil des Klosters). Wenn Sie sich für einen Besuch auf Košljun entschließen, bedenken Sie, dass Sie ein Kloster besichtigen wollen und wählen Sie zum Anziehen etwas Konventionelleres als sonst, wenn Sie baden gehen.

Bei Ordensbrüdern können Sie den Geistestrainings, die sie organisieren, beiwohnen. In der Saison finden im Atrium des Klosters sehr oft gut besuchte Konzerte klassischer und sakraler Musik statt.

Blick auf zu Punat und Košljun aus den 30-er Jahren des 20. Jahrhunderts. Damals waren überall noch Felder.

Arhiv • Čedomir Franolić

STARA BAŠKA

Nach Stara Baška, im Südosten der Insel, kommt man aus Punat auf einer kurvenreichen Straße. Der Ort liegt oberhalb der gleichnamigen Bucht. Im 14. Jahrhundert lebten hier Hirten und ihre Siedlung wurde **Kraj** oder **Podkraj** genannt. Es gibt keine eindeutigen Beweise, dass dieses Gebiet schon vor der Ankunft kroatischer Stämme besiedelt war. Es ist aber sehr interessant, dass die Bewohner hier einen besonderen Dialekt sprechen und sich auch durch verschiedene Bräuche von anderen Inselbewohnern unterscheiden. Es gibt Hinweise dass die heutigen Bewohner von Flüchtlingen abstammen handelt, die vor den Türken geflüchtet sind. Den heutigen Namen bekam die Ortschaft in der zweiten Hälfte des 17. Jahrhunderts.

Unter den wenigen Dokumenten über die Ortschaft findet man einen seltsamen Bericht aus dem Jahr 1929. Im Februar dieses Jahres fielen die Temperaturen mehrmals unter Null (ein Kuriosum), so dass viele Schafe wegen der Kälte verendeten. Die Einwohner erlitten große Verluste.

INSEL-GRAFFITI
Die ältesten Spuren von Literatur sind auf Stein verewigt - und die jüngsten auf Gras (unter Verwendung von Steinen)

Neben Schafzucht wird in der Gegend auch Bienenzucht betrieben. Honig ist von hoher Qualität, weil die Bienen von den aromatischen mediterranen Pflanzen, die auf den karstigen Wiesen wachsen, Nektar sammeln.

Stara Baška war ziemlich isoliert. Man konnte es nun übers Meer oder auf engen und steilen Bergwegen erreichen. Das war so bis 1980, als endlich die heutige

Straße asphaltiert wurde. Stara Baška fand damit Anschluss an die übrige Insel und zahlreiche Gäste entdeckten jetzt die wunderschönen Badestrände in diesem Teil von Krk.

Vor dem Ort ist der Campingplatz **Škrila**, wo Sie Ihr Zelt aufschlagen können, wenn Sie den Urlaub nicht gern in Privatzimmern oder Appartements im Ort verbringen.

Der alte Ort ist nicht autofahrerfreundlich aufgebaut. Die Gassen sind sehr eng. Die meisten sind Einbahnstraßen. Deswegen brauchen Sie viel Geduld, wenn Sie sich mit dem Auto in den Ort begeben. Autos fahren im Sommer zum Glück fast ausschließlich Feriengäste, die entspannt sind und keine Eile haben, so dass die unnötigen Aufregungen mit Beschimpfung und Hupkonzerten selten vorkommen.

Die Straße führt bis zum kleinen Hafen und endet mit dem Parkplatz. Dort sind auch einige Restaurants, in denen man garantiert gut essen kann. Wenn Sie Ihr Abendessen beim Einbruch der Dämmerung bestellen, werden Sie beim Essen auch den wunderschönnen Sonnenuntergang zwischen den Inseln Krk und Cres betrachten können.

Als ich für diesen Reiseführer recherchierte, wurde ich auf riesige Treppenstufen, die am Hügelgipfel in einer Vertiefung enden, aufmerksam gemacht. Sie befinden sich unweit von Stara Baška, Richtung Punat. Man sieht sie vom Meer, wenn man mit dem Schiff vorbeifährt.

Kennen Sie die Homers Geschichte vom Zyklopen, dem Riesen mit nur einem, mitten auf der Stirn sitzenden Auge? Er, der schon damals Schafzucht betrieb, baute die Treppe, um leichter vom Meer zu seinen Schafen zu kommen. Der berühmte griechische Urtourist Odysseus und seine Gesellschaft lernten ihn während ihrer Kreuzfahrt im Mittelmeer kennen. Odysseus & Co. stiegen die riesigen Treppenstufen zur Zyklops Höhle hinauf und verbrachten mit ihm einen aufregenden Abend. Am nächsten Morgen sind sie geflohen, ohne die Zeche für die Konsumierten Lammbraten bezahlt zu haben. Der einäugige Riese ist deswegen immer noch böse (wie es übrigens alle Inselbewohner wären, wenn ihnen etwas Ähnliches passieren würde).

Keine Angst, wenn Sie mit etwas Mühe den Hügel aufsteigen, treffen Sie zwar keinen Riesen aber rundherum Schafe (die Legende, die ich etwas modifiziert habe, könnte doch stimmen, wenigstens, was die Schafe betrifft).

Zyklops Schafe
oder k. u. k. Bauxit?

Wenn Sie keine Legenden mögen, gibt es noch eine andere Geschichte über die Treppe.

In der Zeit der ehemaligen österreichisch-ungarischen Monarchie wurde hier Bauxit gefördert. Zyklops Treppenstufen waren ein Teil des Systems, das ermöglichen sollte, den Bauxit zu den Schiffen zu transportieren.

Geschichten hin oder her, es lohnt sich, die kleinen Badestrände in dieser Gegend zu besuchen und im klaren Meer schwimmen zu gehen. Problematisch könnte nur der steile und steinige Hirtenpfad sein, der dorthin führt.

OMIŠALJ
NJIVICE
DOBRINJ
ŠILO
MALINSKA
VRBNIK
PUNAT
VELI VRH
KRK
OBZOVA
BAŠKA
STARA BAŠKA

Veli vrh 1h
Obzovo 1h 30'
Draga Bašć. 3h 30'
Stara Baška 3h 30'
Punat 2h
Batomalj 4h 30'

Veli vrh - Obzovo

Liebhaber der Natur und von leichtem Bergwandern sollten auf den **Veli vrh** (541m) und den nahen **Obzovo** (568m), den höchsten Gipfel auf Krk und fünfthöchsten der adriatischen Inseln, steigen.

Markierte Fußwege führen aus verschiedenen Richtungen zum Gipfel. Man kann von Punat aus losgehen oder von Baščanska dolina, der kürzeste Weg führt aber vom Pass bei Baščanska dolina über eine Sandstraße direkt zum Gipfel. Wenn möglich sollten Sie einen Tag mit guter Fernsicht wählen, vielleicht bei leichter Bora, da der Weg einen prachtvollen Blick auf die ganze Insel und einen großen Teil der Kvarner Bucht bietet.

Wir können diesen Platz auch Lokalpolitikern wärmstens empfehlen, dann sind sie die Politiker mit der höchsten Position auf der Insel; und sie könnten von hier ihre Sonntagsreden halten ohne jemandem auf die Nerven zu gehen.

Baščanska dolina (Baščanska Tal)

In einem wunderschönen grünen Becken, durch das der Bach **Vela rika** (vela = groß, rika = Fluss) fließt, liegen die Orte **Draga Baščanska**, **Jurandvor**, **Batomalj** und **Baška**. Der Name Vela rika lässt etwas Riesiges erwarten, es handelt sich aber nur um ein Bächlein, das im Sommer bei großer Hitze austrocknet.

In der Gegend leben still und ruhig hauptsächlich Bauern, ausgenommen in Baška, wo der Fremdenverkehr die Hauptbeschäftigung ist. Baška ist für Tourismus bekannt, das kleine Dorf Jurandvor aber ist wegen eines der wichtigsten Dokumente des kroatischen Schrifttums, berühmt geworden.

1851 fand **Petar Dorčić**, Pharrer aus Jurandvor, auf dem Boden der ehemaligen Kirche der ***Heiligen Lucia*** eine Steinplatte, 199 cm lang und 99 cm breit, mit einem 13 Zeilen langen glagolitischen Text. Die Platte lag in der Kirche wie eine kleine Grabtafel. Leute traten in die Kirche über die Platte, so dass sie erheblich beschädigt wurde, ein Teil wurde sogar abgebrochen aber später wieder geklebt.

Die Heilige Lucia Sv. Lucija

Dorčić wollte unbedingt erfahren, was auf der Platte geschrieben war, konnte aber nichts entschlüsseln und wendete sich deswegen an den Historiker **Ivan Kukuljević Sakcinski**. Sakcinski ist nach Jurandvor gekommen, war aber bei der Entschlüsselung auch nicht erfolgreich. Sie zeichneten dann den ganzen Text ab und schickten ihn an einige angesehene Historiker und Linguisten. Die ganze kroatische Öffentlichkeit zeigte großes Interesse für die Entschlüsselungsarbeiten. In folgenden Jahren wurden immer wieder neue Textabschnitte veröffentlicht. 1875, also 14 Jahre nach der Entdeckung durch Dorčić, veröffentlichte **Ivan Crnčić** die erste vollständige, aber noch nicht endgültige Fassung der Textabschrift.

Es ist eines der ältesten Dokumente in kroatischer (altkroatischer) Sprache. Die Inschrift ist von so großer Bedeutung, dass das kleine Dorf zum Markenzeichen kroatischer Kulturgeschichte und Schriftkunde wurde. Das Dokument ist eine Urkunde über eine Schenkung des kroatischen Königs **Zvonimir** (1075 - 1089). Der König schenkte Land dem Benediktinerkloster. Der Text lautet etwa so:

1100. Es walte Gott Vater, Sohn und Heiliger Geist. Ich, der Abt Držiha schrieb dies über das Grundstück, das Zvonimir, der König Kroatiens in Tagen seiner Herrschaft der heiligen Lucia schenkte. Als Zeugen Desila Gespan in Krbava und Martin in Lika, Pribineg in Vinodol und Jakov auf der Insel (Krk). Dass jene, die es bestreiten, der Fluch des heiligen Gottes und der seligen Jungfrau Maria, der 4 Apostel und der Heiligen Lucia erreicht, Amen. Die hier Lebenden mögen für Euch zu Gott beten. Ich, der Abt Dobrovit baute diese Gotteskirche mit meinen Brüdern, mit neun, zur Zeit des Fürsten Kuzma, der in diesem ganzen Land herrschte. Das war, als Mikula in Otočac mit der Heiligen Lucia einig war.

Dank den Äbten **Držiha** und **Dobrovit** entstand die Steintafel, die in der Kirche als niedrige Scheidewand (pluteus) stand, links vor dem Altar. Es wird vermutet, dass die Platte in den Hof getragen wurde, und dass Hirten auf der Platte Feuer machten. Später brachte man sie zurück in die Kirche auf ihre ursprüngliche Stelle. Endlich wurde sie nach Zagreb gebracht und seit 1934 befindet sie sich am Eingang in das Gebäude der Kroatischen Akademie der Wissenschaft und Künste. In der Kirche der Heiligen Lucia steht jetzt eine Nachbildung.

Ein interessanter Volksbrauch hat sich bis jetzt erhalten. Am 13. Dezember, dem Tag der Heiligen Lucia werden nach der Messe vom Glockenturm "hlipcići" geworfen (hlipcić = kruščić = Brötchen). Der alte Brauch stammt aus der Zeit, als die Mühle im Kirchenbesitz war und der Müller, der sie pachtete, zu Festtagen Mehl schenkte. Aus diesem Mehl backten die Frauen aus Jurandvor Brötchen, die man noch warm vom Turm den versammelten Gläubigen zuwarf.

Svetište Gospe Goričke

Wallfahrtskirche Maria Gorička

Gegenüber von Jurandvor liegt **Batomalj**, oberhalb von Batomalj die Wallfahrtskirche ***Maria Gorička***. Man kommt dorthin auf der Straße durch Batomalj oder auf einem markierten Wanderweg. Der Wanderweg führt von Baška aus und endet mit 237 Stufen, die zur Kirche führen.

BAŠKA

Mira Anić - KRČANKA, Krk

Fast überall können Sie in Prospekten von den Perlen der Adriaküste, den schönsten Küstenstädchen und von paradiesischen Stränden lesen. Mit diesen Worten werden Sie in touristischen Broschüren eingeladen, Orte und Städte an der Adriaküste zu besuchen. Für Baška trifft das alles auch zu und deswegen kehren die Gäste, die einmal Baška besucht haben, immer wieder nach Baška zurück.

Baška ist klimatisch einigermaßen der Küstenstadt **Senj** ähnlich, die für sehr starke Bora bekannt ist. Im Januar wütet die Bora sogar 15 Tage, und wenn man alle Tage mit Bora im Jahr zusammenzählt, sind das einige Monate. Boraböen sind für Menschen nicht gerade angenehm aber die Wellen, die sie verursachen, haben so feine Kieselsteine am Strand poliert, dass der zwei Kilometer lange Baškastrand europaweit bekannt geworden ist. Der Badestrand ist wunderschön, was auch nachteilig sein kann. In der Hauptsaison ist er so voll, dass es manchmal sehr schwierig ist, einen Platz zum Hinlegen zu finden. Wenn Sie aber am frühen Morgen einen guten Platz besetzen, können Sie den ganzen Tag in der Sonne genießen und eine permanente Bikini- und Muskelnschau bewundern.

In Baška findet man aber nicht nur den wunderschönen flachabfallenden Strand. Es ist ein Städchen mit interessanter charakteristischer Architektur und mit zahlreichen kulturhistorischen Denkmälern. Wenn Sie gern eine Wanderung unternehmen, finden Sie in der Umgebung markierte Wanderwege.

Vor den älteren Ortsteilen können Sie Ihr Auto auf markierten Parkplätzen (mit Gebühr) abstellen. Man sieht überall Autos, die auch dort, wo Parken verboten ist, geparkt sind, aber das ist ziemlich riskant. Wenn Sie sich doch fürs Wildparken entscheiden sollten, müssen Sie in Kauf nehmen, dass Ihr Auto möglicherweise vom Abschleppdienst entfernt

Arhiv • Čedomir Franolić

NJIVICE
DOBRINJ
MALINSKA
VRBNIK
KRK
BAŠKA

wird. Das wäre eine nicht gerade angenehme Erfahrung.

Man könnte behaupten, alle Küstenorte seien ähnlich, enge Gassen, viel Stein, schmale Fenster mit Fensterläden. In Baška finden Sie das alles auch, aber mit einem spezifischen Charme. Jetzt aber Schluss mit ausführlichen Beschreibungen, kommen Sie nach Baška und stellen Sie selbst fest, warum für viele Baška der schönste Ort im Kvarner ist.

Am Strand entlang und im alten Teil des Ortes reihen sich viele Restaurants und Cafés. Das gastronomische Angebot ist veilfältig, so dass jeder Feinschmecker etwas für sich findet.

Und immer wieder gibt es Stände mit Souvenirs und verschiedenem buntem Zeug und Verkäufer, die versuchen, Touristen zum Kauf zu überreden.

Früher war dieser Inselteil für Weinberge und für guten

Wein bekannt. Familie **Frančić** bekam noch 1928 in Paris einen Grand Prix für ihren *Prosecco*. Heute gibt es weniger Weinberge, es werden aber noch immer gute Weine produziert.

Ein gut geschützter also für Segelschiffe sicherer Hafen bestimmte bis zur Zeit, als Dampfer zu verkehren begannen, das Leben und die Entwicklung des Ortes. Dampfschiffe legten in Baška nicht an und es verlor an Wichtigkeit.

Der Fremdenverkehr brachte den Einwohnern wieder Wohlstand. Anfang des 20. Jahrhunderts hat alles begonnen. 1904 wurde der Verband zur Stadverschönerung gegründet. Zwei Jahre später wurde das erste Hotel eröffnet und 1908 der erste Badestrand mit Badehaus angelegt. Die ersten Gäste waren Tschechen, die bis heute dem Ort treu geblieben sind. Vor fast einem ganzen Jahrhundert, 1910, machten 600 tschechische Touristen Urlaub in Baška. So große Popularität brachte Baška **Emil Geistlich**, Direktor der Prager *Narodna politika* (der Zeitung "Volkspolitik"). Er hat Baška ein Jahr früher besucht, war vom Ort begeistert und schrieb davon in seiner Zeitung. Am Strand in Baška können Sie das Denkmal sehen, das ihm zu Ehren errichtet wurde. Es ist interessant zu erwähnen dass die Bodulos ("boduli") gerade wegen diesen ersten Gästen lange Zeit den Begriff „Gast" mit Tschechen gleichstellten. So fragte man: „*Welche Tschechen sind gekommen*?"

Von der reichen Geschichte zeugen zahlreiche archäologische Funde. Es wurden schon zur Zeit der österreichischen Herrschaft archäologische Ausgrabungen durchgeführt, und viele ausgegrabene Gegenstände aus der Umgebung von Baška wurden nach Wien gebracht. Sie befinden sich in Wiener Museen (man hat vergessen sie, nach Baška zurückzuschicken). Heute führt man auch weitere Untersuchungen durch.

Bunte Gassen führen bis zum Strand. Mediterrane Ästhetik, eine Augenweide.

Dagmar Franolić

Wo der Ort endet, liegt der Hafen, in dem Fähren anlegen. Vom Hafen führt der Weg zum FKK-Campingplatz in der Bucht Bunculuka. Wunderschöner Strand, fast wie der Hauptstrand, aber kleiner. Das Sportangebot ist ziemlich groß. Hier kann man entspannen, aber auch genug Unterhaltung finden. Wenn man gern wandert, findet man hinter dem Campingplatz weitere zahlreiche kleinere ruhige Badestrände.

Das Heimatsmuseum der Stadt Baška befindet sich neben der Pfarrkirche zur Heiligen Dreifaltigkeit. Im Museum können Sie ethnologische Schätze und Kunstgegenstände aus der ganzen Gegend sehen: ursprüngliche Volkstrachten aus Baška und zahlreiche Gebrauchsgegenstände. Das Museum wurde im Jahr 1970 eröffnet.
Im Museum ist ein Raum der tschechischen Ärztin Zdenka Čermakowa (1884 - 1968) gewidmet. Frau Čermakowa ist 1910 nach Baška gekommen und in Baška geblieben.
Sie ordinierte einige Zeit in Baška.
Hier ist sie gestorben und ruht jetzt am Stadtfriedhof.

B A Š K A

BAŠKA

Oberhalb von Baška befindet sich der Friedhof und die Kirche des Heiligen Johannes, mit dem Glockenturm, der die Bucht beherrscht. Ein Gottesdienst findet nur einmal jährlich in der Kirche statt und zwar am 24. Juni, dem Johannistag.

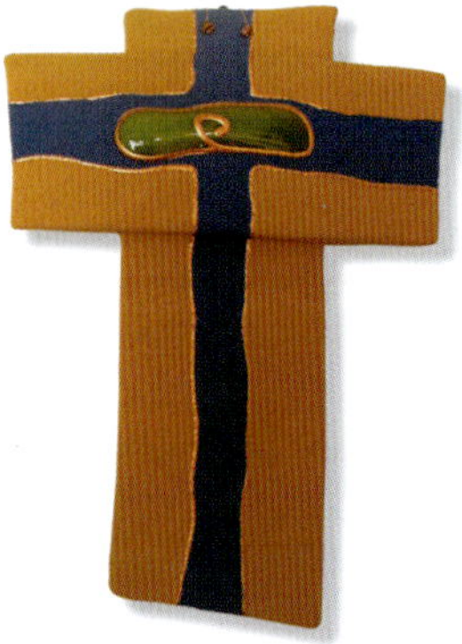

Dagmar Franolić • Galerija Dagmar, Krk

Die im barocken Stil erbaute Pfarrkirche der Heiligen Dreifaltigkeit stammt aus dem Jahr 1723. Sie steht im Zentrum von Baška. Das große Relief am Altar ist ein Werk von Franjo Jurić, und das Renaissancebild Heiliges Abendmahl eines des Meisters Jakov Palma (1544 - 1628).

Von den anderen sakralen Bauten sollte noch die Kirche des Heiligen Antonius (Svetog Antuna) aus 1482 erwähnt werden, in der sich die Bilder von Celestin Medović (1859 - 1920) befinden und die Kirche des Heiligen Markus, die 1514 über einem frühkristlichen Mosaik gebaut wurde. In der Umgebung fand man die Überreste einer römischen Siedlung aus dem 2. Jahrhundert vor Christus.

BAŠKA

Im Küstengebiet, das von illyrischen Stämmen besiedelt war, entwickelte sich im 2. Jahrhundert vor Christus eine römische Siedlung. Später im Jahr 418 wurde die Siedlung am Berg gebaut.

Im 7. Jahrhundert, als die Kroaten kamen, entwickelte sich der Ort weiter und im Jahr 1232 wurde zum ersten Mal das **Kastell Baška** (castellum Besca) erwähnt. Das Kastell umfasste die Siedlung Baška auf dem Berg mit der Kirche des ***Heiligen Johannes des Täufers*** (Sv. Ivan Krstitelj) und die Siedlung Draga Bašćanska.

Venezianische Soldaten zerstörten im Jahr 1380 das Kastell, als sie mit den Soldaten des ungarisch-kroatischen Königs **Ludwig** zusammenstießen. Die Bewohner flohen ins Inselinnere und kehrten nie in die alte Gegend zurück. Die Ruinen der

alten Siedlung stehen immer noch in der Nähe des Friedhofs. Allmählich kehrte das Leben doch an die Küste zurück.

Die Küstensiedlung Baška entwickelte sich besonders stark zur Zeit, als die Segelboote die wichtigsten Wasserfahrzeuge waren. Baška wurde zu dieser Zeit die größte Siedlung auf der Insel. Als die österreichischen Behörden 1797 zum ersten Mal eine umfangreiche Volkszählung durchführten, hatte Krk 1902 Einwohner und Baška sogar 2189. Etwa 20 Jahre später, 1808, als es auf der Insel viel mehr Frauen als Männer gab, Männer wurden nämlich in die französischen Truppen rekrutiert, lebten in Krk nur 1237 und in Baška 2557 Personen. Die Zahl der Einwohner sankt, als Dampschiffe die Segelboote verdrängten und der Ort an Bedeutung verlor.

In der Vladimir Nazor Straße 14 steht das erste im neuen Baška an der Küste erbaute Haus. Über der Tür steht in Latein geschrieben: "Friede sei dem Haus und allen darin Weilenden." Daneben liest man, dass Meister Martin Pliceris aus Senj das Haus für sich bauen ließ.

Dagmar Franolić

BAŠKA

Arhiv • Čedomir Franolić

1. BAŠKA - STRAŽICA(Brdo Mjesec) - HLAM

7,5 km - etwa 3 Stunden zu Fuß

Der leichtere blaue Weg - auf der Straße bis zum Friedhof und zum Kirche des Heiligen Johannes (crkva Svetog Ivana) und weiter auf dem Fußweg zum Plateau Mjesec.

Die schwierigere Route - auf dem gelb und grün markierten Fußweg durch einen steilen Felseinschnitt. Egal, welche von den beiden Wegstrecken Sie wählen, die Aussicht ist wunderschön, sowohl nach Baška als auch vom Gipfel Richtung Festland beziehungsweise Velebit.

2. BAŠKA - ZAKAM - JURANDVOR

5 km - etwa 2 Stunden

Angenehme Wanderung zur Kirche der Heiligen Lucia in Jurandvor auf einem gelbmarkierten Weg über Zakam. (Die andere Variante auf der Haupstraße, etwa 40 min.)

3. BAŠKA - Wallfahrtsort der Muttergottes

3,5 km - 1,5 Stunden

Gemütlicher Spaziergang vom Sportzentrum Zablaće entlang des Baches Vela rika zum Ort Batomalj und weiter auf dem asphaltierten Weg oder direkt 237 Stufen hoch bis zur Wallfahrtskirche.

4. BAŠKA - STARA BAŠKA

8 km - etwa 3 Stunden

Gehen Sie nie allein sondern in der Gruppe auf dem grünmarkierten Weg durch Batomalj und über dem Hlam-Pass (360 m) bis nach Stara Baška.

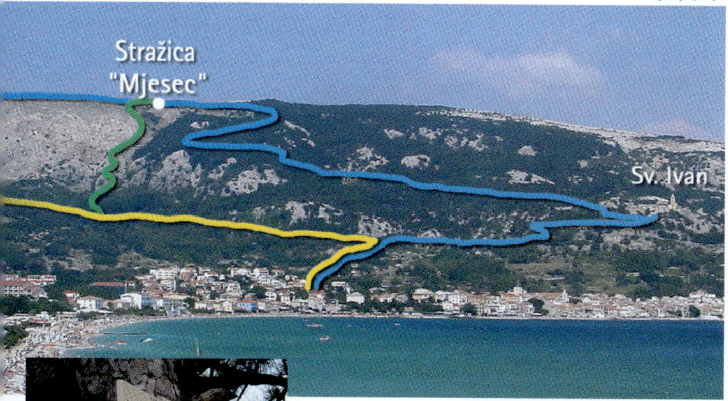

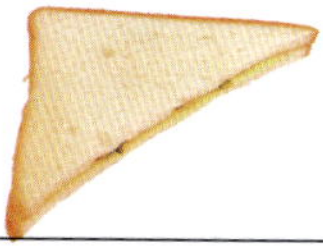

In der Umgebung von Baška gibt es 14 markierte Bergsteiger- und Ausflüglerwege. Wenn Sie sich auf den Weg machen, nehmen Sie genug Getränke und Nahrungsmittel mit, damit Sie auch bei der Hitze und trotz der körperlichen Anstrengung die wunderschöne Natur genießen können.

5. BAŠKA - BAG - Rt ŠKULJICA

4 km - etwa 2 Stunden

Gemütlicher Spaziergang auf dem rot markierten Weg zum Kap. Überall schöne Aussichten.

6. BAŠKA - BAG - LUKA BRACOL (Hafen Bracol)

5,5 km - etwa 3 Stunden

Wir raten wieder, dass Sie immer in der Gruppe gehen. Die kürzere Variante auf dem grünmarkierten steilen Weg, die längere Variante: 8,5 km durch den Ort Batomalj zum Hafen Bracol, wo Sie schöne kleine Badestrände finden.

Vela & Mala luka

Dieser Ausflug ist etwas Besonderes (dafür haben Sie meine persönliche Empfehlung). Bevor es losgeht, schaffen Sie sich einen Vorrat an Getränken und Lebensmitteln an. Der Weg steigt zuerst auf 300 m Höhe, dann geht es bergab bis zum Meer, danach wieder 112 m bergauf, für die Rückkehr braucht man dann auch noch etwas Kraft. Für mich war es sehr anstrengend (in der Gruppe gab es auch Leute, die sich nicht so sehr beansprucht fühlten), unterwegs trafen wir aber mehrere Familien (slowenische

und tschechische) mit Kindern zwischen 6 und 12 Jahren.

Der markierte Weg führt vom FKK-Campingplatz Buncluka bergauf oder enlang der Küste. Der gelbmarkierte Weg führt von Vrženica durch eine Schlucht, teilweise über Felsenmauern, was ziemlich viel Geschicklichkeit vorraussetzt. In der Schlucht gibt es nur Wasser,wenn es stark und längere Zeit geregnet hat. Gehen Sie nie allein, sondern immer in der Gruppe!

Wenn es Ihnen das Klettern und Wandern zu kompliziert erscheinen sollte, gibt es auch eine einfachere und nicht so anstrendende Art und Weise nach Vela luka zu kommen: Im Hafen in Baška können Sie am Vormittag an Bord gehen, sich nach Vela luka fahren lassen und am Nachmittag dann wieder zurück fahren. Auch schön, aber da verpassen Sie die großartigen Ausblicke.

Vela & Mala luka

Der enge steile Pfad führt bergab nach Vela luka. Heute kann man sich das kaum vorstellen, aber früher war das ganze Gebiet mit Weingärten bedeckt. Die Weinberge gehörten der reichen Familie Dujmović, wurden aber nach dem Zweiten Weltkrieg verstaatlicht, dann von einer landwirtschaftlichen Produktionsgenossenschaft verwaltet und verwahrlosten zuletzt. Hier können Sie sich in der Saison in einem kleinen Restaurant (mit sehr freundlichem Personal) erfrischen, was Sie gut gebrauchen können nach den Anstrengungen der mehrstündigen Wanderung. Es gibt auch ein wunderschöner Strand (den schönsten, den ich je gesehen habe) mit einer Trinkwasserquelle. Das einzige Problem, das ich hier hatte, lag in der Tatsache, dass ich von dort wieder weg musste.

Vela & Mala luka

Auch wenn der genaue Name nicht bekannt ist, als Name der ehemaligen Siedlung auf dem Gebiet von Bosar, wird Corinthia erwähnt (so im Volk niedergeschrieben). Auf dem Hügel wurde zu Zeiten Kaiser Justinians (527 - 565) eine byzantinische Festung errichtet und am Fuße des Hügels am Meer befand sich, wie üblich, eine begleitende zivile Siedlung (logistische Unterstützung - einige Gewerbe inklusive dem ältesten).
Von den Ruinen der Festung in Richtung Mala Luka kann man sehr gut die Anordnung der Häuser und die Reste der Hl. Nikolaus Kirche sehen. Es wurden Spuren von weiteren zwei kleineren Kirchen gefunden.

VRBN

K

Dagmar Franolić • Galerija Dagmar, Krk

Mira Anić - KRČANKA, Krk

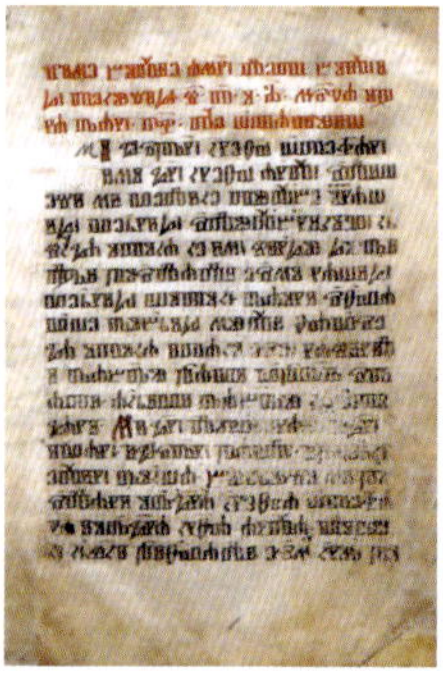

1388. Stadtrecht von Vrbnik

Vrbnik muss man erleben. Es fehlen die Worten, wenn man die ganze Schönheit des besungenen Ortes zu beschreiben versuchte. 48 m hoch auf einem Felsen bauten die Bewohner jahrhundertelang an ihrem Ort, passten jeden Durchgang, jede Stufe, jedes Haus dem ewigen Stein an. Wie einfallsreich und phantasievoll die Baumeister waren, sieht man auf Schritt und Tritt. Die Ruhe und Harmonie, die hier herrschen hat bis jetzt zahlreiche Maler inspiriert. Wenn Sie auch künstlerisch begabt oder begeistert sind - dann ist Vrbnik für Sie wie geschaffen als Urlaubs- oder Ausflugsort.

Das bekannte Lied beginnt so: *Vrbnik, du hoch auf dem Felsen, das Meer zu deinen Füßen ...*

Wenn man das Städchen von der Meeresseite erreichen will, ist das nicht leicht, weil die Felsen hoch und sehr steil sind. Doch es gibt einen gut geschützten Hafen, in dem es nur Schwierigkeiten gibt, wenn die Bora extrem stark ist. Vom Hafen führt eine steile Straße zum älteren Stadtteil.

Vrbnik ist einer der ältesten Orte auf der Insel Krk. In der Gegend wurden Gebrauchsgegenstände aus Stein gefunden und aus späterer Zeit illyrische und römische Schmuckstücke. Als Kroaten auf die Insel kamen, siedelten sie sich auch da an. Der heutige Name wurde erstmals 1100 in der Schenkungsurkunde von **Dragoslav** erwähnt. Schon 1388 hatte Vrbnik eine eigene ***Stadtrecht***, verfasst in glagolitischer Schrift.

Arhiv • Čedomir Franolić

rbniče nad morem! Visoka plar
Krk.

Der einstige Friedhof (1) und links d
Kirche des Heiligen Johannes (2, Sv. Ivar
Die Kirche ließ der Vrbniker Pfarrer Damjc
im Jahr 1323 bauen, erweitert wurde sie
1611. Am Eingang zum Friedhof steht di
Kirche des Heiligen Antonius aus Padua
(3, Sv. Antuna Padovanskog), die schon
einem Vertrag vom 1. Mai 1671 erwähn
wurde. Die Kapelle des Heiligen Martin
(4, Sv. Martin) wurde 1561 erbaut.
Im Jahr 1891 wurde sie von
Dr. Dinko Vitezić renoviert, der dann in de
Kapelle begraben wurde, was man auf de
glagolitischen Inschrift lesen kann (5).

4

5

Am Eingang zum alten Stadtteil ist der Parkplatz, früher war da der Friedhof, der verlegt wurde. Auf der linken Seite ist die gotische Kapelle des Heiligen Johannes mit zahlreichen Gräbern der örtlichen Pfarrer. Aus dem Städchen stammen viele Geistliche, die zur geistigen und kulturellen Entwicklung der Stadt beigetragen haben. Der heutige Zagreber Erzbischof **Josip Bozanić** ist der vierte Bischof, der aus Vrbnik stammt.

Hinter den ersten Häusern war das Stadttor des Frankopan Kastells. Die Stadtmauern erkennt man nur von der Meeresseite. Die Mauersteine aus den Stadtmauern wurden beim Bau von Wohnhäusern verwendet, als man keine Mauern mehr zur Verteidigung der Stadt brauchte. Auf eine Erhebung im Zentrum steht die Pfarrkirche der *Heiligen Maria* (Svete Marije) aus dem Jahr 1325. In der Kirche gibt es wertvolle glagolitische Handschriften. Der charakteristische Glockenturm wurde erst 1527 gebaut. Nach einer Legende

Vrbnik, du hoch auf dem Felsen ...
- ein bekanntes Lied aus dem 19. Jahrhundert

Vrbniče nad morem
visoka planino!
Va tebi se goje
po izbor divojke.
Jedna drugoj veli:
"Stan' gori, sestrice,

da mi donesemo
te hladne vodice,
da mi zalijemo
te naše rožice:
drobnu mažuranu
i sitan bosiljak."

wurde der Bau des Glockenturms mit den Schätzen, die bei den Ausgrabungen in Gradec gefunden wurden, finanziert.

Vom Felsen hat man einen wunderschönen Ausblick zum Festland, wo sich gegenüber von Vrbnik **Novi Vinodolski** befindet und in der Ferne **Selce** und **Crikvenica**. Im Osten der Stadt wurde 1859 die ***Votivkirche Santa Maria della Salute*** (zavjetna crkva Majke Božje od Zdravlja) durch Umbau und Ausbau einer Kirche aus dem Jahr 1347 errichtet. Auf der Inschrift oberhalb der Kürchentür kann man lesen, dass im Jahr 1855 vom 26. Juni bis zum 20. August Cholera-epidemie wütete und 79 Personen an Cholera starben.

Erwähnenswert ist auch die Bibliothek der Familie Vitezić

am Platz Vrbničkog statuta 4. Der Krker Bischof Ivan Vitezić (1806 - 1877) und sein Bruder Dr. Dinko Vitezić (1822 - 1877), haben die Bücher gesammelt und dann der Stadt hinterlassen. In der Bibliothek gibt es 10000 Bücher. Das wertvollste Buch ist eines von zwei existierenden Exemplare des Weltatlases von **Johann David Kochler**, der 1718 in Nürnberg gedruckt wurde (das zweite Exemplar ist in Cambridge in England). Das Gebäude Baćin dvor (dvor = Schloss) darf man auch nicht vergessen. Es soll eines der Häuser aus dem Besitz der Familie Frankopan sein. In der Straße Glavača befindet sich eine Galerie, in der man im Sommer Werke, aus der Grafischen Akademie in Vrbnik besichtigen kann.

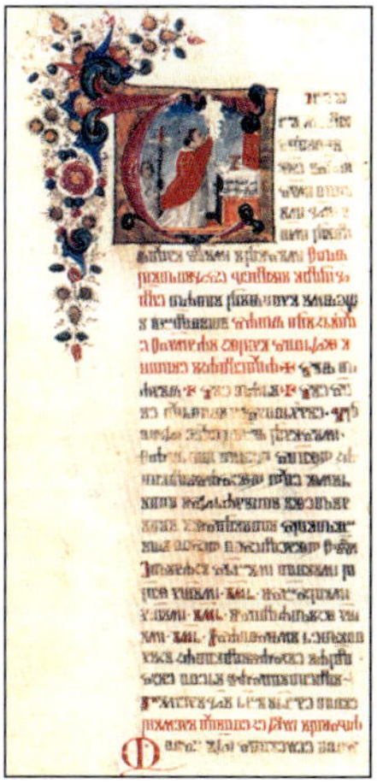

Im II. Messbuch aus Vrbnik, das im 15. Jahrhundert geschrieben wurde, fehlt ein Blatt. Es wurde vor etwa 100 Jahren ausgerissen und gestohlen. Heute ist das Blatt in einer Bibliothek in Princeton (USA), wo man es im Jahr 1970 fand.

V
r
b
n
i
k

Egal, welche Richtung Sie in Vrbnik einschlagen, interessante Details und Treppenstufen finden Sie überall.

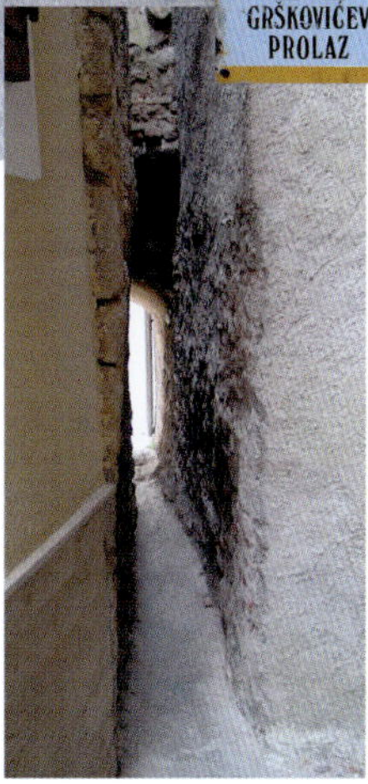

In den alten Städtchen wurden nach ganz anderen Maßstäben, als heute gebaut. Die meisten Gassen sind für Autos zu eng und so haben die Orte ihre Ruhe bewahrt. Durch einige Gassen kommen sogar kleine Motorräder nicht durch. In Vrbnik gibt es eine Gasse, die auch für manche Menschen zu eng sein kann. Die Einwohner von Vrbnik behaupten, dass rechter Hand des Marktplatzes die engste Gasse der Welt zu finden ist. Auch in der Straße ***Grškovič Durchgang*** (Grškovićev prolaz), gibt es beim Haus Nummer 14 einen schmalen Durchgang, der ***klančić*** genannt wird (klančić = winziger Durchgang). Ob das wirklich die engste Gasse ist, sollten Sie selbst prüfen. Dem Autor dieser Zeilen, die Sie jetzt lesen, ist es nicht gelungen, sich mit seinem zierlichen Körper durchzuzwängen (eigentlich war nur mein Rucksack zu groß!).

Vrbnik

Die Vrbničko Polje, durch die der Weg in die Stadt führt, ist für ihre Weingärten berühmt. Und wo es Weingärten gibt, soll es auch Wein geben. Der Wein heißt Vrbnička žlahtina (žlahtina aus Vrbnik), und wie die Stadt Vrbnik, ist auch der Wein etwas Besonderes. Dank einiger Winzer ist der goldfarbene žlahtina heute in ganz Kroatien bekannt, aber das war nicht immer so.

Ältere Bewohner von Vrbnik erinnern sich noch an Zeiten, als auf den Feldern hauptsächlich Weizen wuchs. Die Familien waren viel größer als heute und man brauchte viel Brot, um die zahlreichen Kinder ernähren zu können. Es wurde hart gearbeitet und bescheiden gelebt, aber ohne den Stress, den die heutige Lebensweise mit sich bringt. Damals wuchs Wein nur an Felderrändern und wurde nur für den Eigenbedarf hergestellt. Heute gibt es genug Wein, und auch die Gäste kommen nicht zu kurz. Wenn Sie also in einem der vielen Restaurants etwas Gutes zu essen bestellen, probieren und genießen Sie auch den žlahtina.

Die Gäste, die nach Vrbnik kommen, sind größtenteils Ausflügler, obwohl jetzt in der Stadt schon Zimmer und Appartements vermietet werden.

Die frühgotische Kapelle der Heiligen Maria Magdalena im Tal von Vrbnik (an der Straße nach Dobrinj) wurde in der ersten Hälfte des 15. Jahrhunderts erbaut. In dieser Kirche heiratete der letzte Frankopan auf der Insel Krk, Ivan VII. Nach einer Erzählung wurde am Tag der Heirat der Weg von der Kirche bis zum Kastell Gradec (am Hügel einige Kilometer von der Kirche entfernt) mit Teppichen und Blumen bedeckt.

Die riesige Ulme im Tal von Vrbnik, die die holländische Ulmenkrankheit (Ophiostomma Ulmi) vernichtete. Von dem Riesenbaum, in desen Schatten einst die Bauern rasteten, blieb nur der mächtige Stamm übrig.

Wenn Sie Interesse an der Geschichte Krks haben und an der Natur und dem dichten Wald um die Burg Gradec, starten Sie aus dem Dorf Garic. An den letzten Häusern in Richtung Vrbnik vorbei, und dann links abbiegen (1). Am eingezäunten Wasserspeicher biegt die Straße rechts zu einer kleinen Brücke und in das Dorf Paprat ab, und geht dann geradeaus weiter nach Gradec (2). Am Ende der Straße geht recht ein Weg (etwa 50 m lang) zu den Burgmauern.

(1) N 45° 05.276'
E 14° 37.021'
(2) N 45° 06.007'
E 14° 37.785'

Im Ort Stoza, etwa 50 m vom Haus Nummer 1 (Richtung Gradec), führt links bergauf der Weg zur Kirche des Heiligen Krševan. Auf dem Hügelgipfel stehen die Überreste dieser romanischen Kirche aus dem 12. bzw. 13. Jahrhundert. In der Kirche wurden solange Gottesdienste abgehalten, bis die Kapelle in Garic gebaut wurde. Die alte Kirche wurde zerstört, angeblich durch die Suche nach einem vergrabenen Schatz.

36 Meter tief unter den Mauern liegt das Tal Veli Jaz (veli = groß, jaz = Kluft), durch das der kleine Bach Vretenica fließt. Über die alte Brücke und weiter auf einem Steinweg kommen Sie in das Dorf Paprat. Die Brücke und der Weg bekamen den Namen nach dem französischen Marschall Marmont (1774 - 1852), der viele Reformen zur Napoleons Zeit in den Illyrischen Provinzen durchführte.

Die Ruinen aus dem 12. Jahrhundert versteckt im Inselinneren, sind heute völlig zerstört und verwachsen. Aus dieser alten Burg stammen die Krker Fürsten Frankopan, die eine wichtige Rolle in der Geschichte Kroatiens spielten.

Bei der Besichtigung bemerkt man, dass es kein Tor in der Mauer gab. In die Burg kam man über die Mauer mit Hilfe von einer hölzernen Konstruktion. Wenn dem Kastell eine unmittelbare Gefahr drohte, konnte man die Konstruktion leicht zerstören und ungebetene Gäste am Eindringen hindern.

ROVOZNIK Gradec

Neben der Burg stehen die Reste der Kirche des *Heiligen Nikolaus* (Sv. Nikole), die im Jahr 1325 gebaut wurde. Die Kirche diente ihrem Zweck bis Ivan VII. Gradec verlassen hatte. Später wurde sie renoviert und als Kirche des *Heiligen Geistes* (Sv. Duha) geweiht.

Verschiedene Legenden, die von vergrabenen Schätzen berichteten, regten die Phantasie der Leute an. Es ist schwierig zu sagen, inwieweit diese Legenden stimmten, aber aus den Ausgrabungen in Gradec kamen immerhin die Mittel für den Bau des Glockenturms in Vrbnik (1527).

šil

Arhiv • Čedomir Franolić

ŠILO

Šilo ist eine jüngere Siedlung an der Nordostküste der Insel Krk und das Seeschifffahrtszentrum der Gemeinde Dobrinj. In Dobrinj wurde die erste Damfschifffahrtsgesellschaft auf der Insel gegründet. Šilo liegt gegenüber dem Küstengebiet um **Crikvenica** auf dem Festland und ist in der Nähe der älteren Ortschaft **Polje** auf der Insel Krk (polje = Feld). Zur Entwicklung des Ortes trug auch die erste Fähreverbindung an der kroatischen Adria (Crikvenica - Šilo) bei. Der Fähreverkehr wurde nach dem Bau der Brücke von Krk abgeschafft, und Šilo bekam seine Ruhe zurück.

In Šilo können Sie einen erholsamen ruhigen Urlaub machen. Es gibt keine Hotels, die Unterkunft finden Sie in Privatzimmern oder Appartements, die dritte Möglichkeit stellt der Campingplatz **Tiha** dar.

An den Stränden (Kies oder betoniert) wartet auf Sie ein reiches Sport- und Fitnessangebot: Strandvollyball, Tennis, Boccia, Wasser- und Jetski usw. Besonders attraktiv ist ein Angebot für Sporttaucher: Tauchgänge zum griechischen Schiff *Peltastis*, das unweit von Šilo auf Grund liegt. Die Taucher aus den Unterwassersportklubs in Šilo führen die Besichtigungen.

Wo früher Fähren verkehrten, fahren jetzt Motor- und Gleitboote. Die Fahrt Šilo - Crikvenica dauert einige Minuten und kostet nicht viel. Die Gäste aus Crikvenica kommen gern auf die Strände von Šilo und Touristen aus Šilo nach Crikvenica, um den schon im

vorigen Jahrhundert bekannten Fremdenverkehrsort zu besichtigen.

In Šilo findet am 19. Juli der traditionelle Tag der Fischer statt, der Fischern und Fischen gewidmet ist (was sonst!). Fischfang spielte in Šilo seit jeher eine wichtige Rolle, und es gibt noch heute einen Anglerklub. Schon zweimal wurde eine Sportanglerin aus Šilo Weltmeisterin.

Am Abend geht man gemütlich spazieren oder in Restaurants mit Musik. Es herrscht kein großes Gedränge, wie zum Beispiel in Crikvenica, Selce und Novi Vinodolski, deren Lichter an der anderen Seite des Meeresarms glitzern.

Am 16. August wird im Ort der Tag des ***Heiligen Rok*** gefeiert (Sv. Rok/Rokova).

Wenn Sie sportlich veranlagt sind und keine Herausforderung scheuen, müssen Sie am 15. August (Mariä Himmelfahrt) in Šilo sein. An diesem Tag wird in Crikvenica ein Schwimmmarathon abgehalten. Es wird von Šilo nach Crikvenica geschwommen. Die Kanalbreite ist 3800 m. Das ist eine einzigartige Gelegenheit kostenlos von Šilo nach Crikvenica zu kommen. Am Ziel erwartet Sie außerdem ein Preis. Die Anmeldungen werden ein paar Tage vor dem Rennen in Crikvenica entgegen genommen. Alle Informationen erhalten Sie im Touristenbüro in Šilo.

Wenn Sie vom Hafen rechts entlang der Küste gehen, sehen Sie nach etwa 200 m ein Schild, auf dem Sie lesen können: Reste einer römischen Villa. Wenn Sie das sehen wollen, müssen Sie auf der Straße bergauf gehen (der Weg ist markiert) bis zur Ruine. Es gibt nur wenige Reste und es handelt sich eigentlich um keine römische Villa. Das sind Reste einer byzantinischen Festung aus dem 6. Jahrhundert. Von dieser Stelle ist die Aussicht nach Crikvenica und Selce sehr schön. Um Sie herum erstrecken sich Felder mit Umzäunungen aus Stein (gromača). Es gibt auch einige abgelegene Badestrände.

Dobrinj

Dobrinj

Einer der seltenen erhaltenen Dreschplätze am Eingang von Dobrinj. Das geerntete Getreide wurde auf die runde Steinplatte gelegt und mit Hilfe von Rindern, die im Kreis stampften, wurde auf einfache Weise das Korn vom Stroh getrennt.

Mira Anić - KRČANKA, Krk

Die Gemeinde **Dobrinj** liegt in der Mitte der Insel und das Zentrum der Gemeinde liegt im gleichnamigen malerischen Ort auf einer 200 m hohen Anhöhe über der Bucht von Soline. Es ist ein Gebiet, in dem sich die Menschen seit langem mit Landwirtschaft beschäftigen, und, was heute wieder sehr großen Wert bekommen hat, mit der Erzeugung gesunder Nahrungsmittel. Der Wettlauf mit dem Gewinn hat hier die Natur nicht verunstaltet, sondern es ist ein Gebiet, erkennbar am Tourismus, der dem Menschen gelegener ist -ohne riesiger Hotelanlagen. Vielleicht kann als Nachteil angeführt werden, daß hier wenig los ist, aber dafür sind Ruhe und Natur ein wichtiger Bestandteil des hiesigen Fremdenverkehr-Angebotes.

Auch dieser Teil der Insel war einst von Illyrern besiedelt, und ab dem 7. Jhdt von Kroaten.

Die erste urkundliche Erwähnung des Ortes findet sich in der glagolitischen Schenkungsurkunde des "**berühmten Dragoslav**" von 1. Januar 1100, worin der Bau der wunderschönen Kirche des ***Hl. Veit*** (Sv.Vid) im gleichnamigen Ort unweit von Dobrinj angeführt wird. Dieses mittelalterliche Kastell, welches auch Stadt genannt wurde, unterschied sich von den übrigen der Insel dadurch, daß es nicht von Mauern umgeben war. Schutz gab ihm die Steilheit des Hanges, an dem es sich befindet, sowie die äußere Häuserreihe. Ein solcher Schutz des Ortes war dennoch nicht ausreichend, und so geriet er einige Male während des 16. Und 17. Jhdts durch Angriffe von Feinden in Bedrängnis. Doch es gibt Dinge, die nicht geraubt werden können, wodurch diese Gegend auf der Insel und in ganz Kroatien bekannt ist. Das ist ihre reiche

Dieses interessante Detail befindet sich am Hauptplatz an einer Hausecke. "Maskeron", ein steinernes Männerhaupt an der Fassade eines Steinhauses aus dem Jahr 1738.

Die Reihen von Steinhäusern und die Straßen wurden nach und nach durch die Jahrhunderte erbaut, der Stein, als außerordentlich dauerhaftes und beständiges, aber ohne Maschinen ein sehr schwierig zu bearbeitendes Material, wurde von Hand gemeißelt und an seinen Platz gesetzt. Einige Häuser sind sehr phantasievoll ausgearbeitet, andere auch sehr anspruchsvoll, so wie dieses Tor (Bild oben), weswegen man vor Eintritt "biegsam" werden muß.

und ursprüngliche Folklore, welche noch immer gepflegt wird und wodurch malerische volkstümliche Festlichkeiten bereichert werden.

Die Vorstellung des Kulturerbes während Fremdenverkehrsveranstaltungen in verschiedenen Orten der Insel ist immer von großem Interesse begleitet, und die Menschen aus Dobrinj können Sie in ihren schönen Trachten bei "*tonoc*" (Volkstanz), "*konot*" (Gesang) und "*sopeli*" (traditionelles Musikinstrument) bewundern.

Sollten Sie die Möglichkeit haben, so besuchen Sie am 3. August auf jeden Fall den Ort, denn dann findet das Fest "*Stipanja*" (Stefansfest) statt. An diesem Tag bezahlen Sie wegen des vielfältigen Programmes, welches bis in die Morgenstuinden dauert, Eintritt in das Städtchen.

Lassen Sie sich auf jeden Fall mit "*šurlice*" (einheimische Teigspezialität) bewirten.

Dobrinj

Neben den Kastanienbäumen auf dem alten s teinernen Hauptplatz befindet sich der Zugang zu Stadtgarten, verziert mit einer interessanten Arbeit der "Internationalen Sommerkunstwerkstätten", welche di Silhouette von Dobrinj darstellt

Über den Kirchturm der Pfarrkirche kann man sagen, er hat kein Glück gehabt..... oder doch... Der ursprüngliche Turm dominierte die Landschaft, so wie der jetzige auch, doch das, was sich so stolz über das übrige Gelände erhebt, provozierte im Jahr 1720 einen Blitzeinschlag, welcher den Turm zerstörte, und so wurde 1726 ein neuer errichtet. Aber hier war seine Not noch nicht zu Ende. Er wurde im 2. Weltkrieg vermint und erneut zerstört, sowie nach dem Krieg wieder aufgebaut. Und warum hatte er dann Glück? Dafür daß er sich in Dobrinj befindet, und daß Sie sicher sein können, daß, was immer ihm auch geschieht (Gott bewahre!) die guten Menschen Dobrinjs (der Ortsname leitet sich vom Wort "gut" - dobro - ab) ihn erneut dort errichten, wo und wie er gewesen ist.

"Jardin" - der alte Park des Ortes, welcher in Ordnung gebracht und renoviert wurde. Von hier bietet sich eine herrliche Aussicht auf die Bucht von Soline, die umliegenden Orte, die Küste und in der Ferne auf Omišalj. Man sagt, hier sei früher ein Friedhof gewesen, der dann an die Zufahrtsstraße von Dobrinj verlegt wurde.

"Traditionelles öffentliches Hohlmaß für übliche Gebührenabgaben" - am Zugang zum "Jardin" befinden sich Vertiefungen im Stein, die mit Getreide gefüllt wurden, um damit die damaligen fälligen Steuern zu begleichen.

Dobrinj

Die Pfarrkirche des Hl. Stefan, welche wie der Ort selbst im Jahr 1100 erstmals erwähnt wurde, wurde mehrmals umgebaut, laut glagolitischen Aufzeichnungen wurde sie im Jahre 1510 erweitert, und enthält Elemente von Spätgotik und Barock. Die ehemals einschiffige Kirche wurde im 18. Jhdt. durch Zusammenschluß mit den Seitenkapellen dreischiffig.

MUSEUM

- das ethnographische Museum am Hauptplatz ist eine sorgfältig zusammengestellte und reiche Schatzkammer von Handarbeiten der Insel, landwirtschaftlichen und Fischereigeräten, sowie Gebrauchsgegenständen des damaligen Lebens in diesem Gebiet, sowie auf der ganzen Insel.

Es gibt noch ein kleineres, aber interessantes Ethnomuseum

Das Museum mit einer sakralen Sammlung befindet sich über dem Hauptplatz von Dobrinj, bei der Kirche des Hl. Anton, im Gebäude der Pfarrwohnung und im Saal der ehemaligen Bruderschaft. Eröffnet wurde es inoffiziell 1981 (offiziell 1996), und es sind darin Gegenstände ausgestellt, die in Kirchen, Kapellen und Sakristeien aufbewahrt wurden. Die Sammlung ist unterteilt in Silberzeug, hölzerne Gegenstände, Textilien und Bücher.

Die Museen sind zur Besichtigung während der Saison, außerhalb nur nach Anmeldung geöffnet.

Sveti Vid

Unweit von Dobrinj, im Ort Sv.Vid (St.Veit) befindet sich die gleichnamige Kirche mit einem schönen steinernen Kirchturm, auf welche die Menschen aus Dobrinj und Vrbnik sehr stolz sind. In der Schenkungsurkunde des "berühmten Dragoslav" datiert mit 1. Januar 1100, spricht man vom Bau und Platz dieser Kirche im Zusammenhang mit auf Dobrinj und Vrbnik. Damit sind diese Orte erstmalig in der Geschichte gerade dank Sv. Vid erwähnt worden.

Gabonjin

In der Nähe von Dobrinj befindet sich das Dorf Gabonjin.
Ein interessanter Lehrpfad auf dem ca. 200 m langen Weg entlang des Hügels zur Kirche des Hl. Petrus ist - außer einer angenehmen Erholung - eine Hilfe im Erlernen der glagolitischen Schriftzeichen.

Die Bucht Soline

Die Bucht **Soline** (oder Bucht von **Klimno**) bewacht vom uralten Dobrinj, ist umgeben von den Orten **Klimno**, **Čižići**, **Soline** und **Meline**. Hier befanden sich schon zur Römerzeit Salinen (daher der Name Soline), wo Salz von sehr guter Qualität erzeugt und exportiert wurde, solange bis ihnen zur Zeit der Frankopan Venedig die Arbeit verbot, da sie eine Konkurrenz zu deren Salinen auf **Pag** und **Rab** darstellten.

Der Ort Soline selbst wird im Jahre 1230 erstmals erwähnt, während die Kapelle des *Hl. Klemens* aus dem Jahr 1381

auf einer interessanten glagolitischen Platte in Klimno erwähnt wird, wo sich auch die Schiffswerft befand.

Auf Fremdenverkehr orientiert ist der kleine ruhige Ort Čižići - dessen Name sich schwer aussprechen läßt, wenn Sie nicht aus dem kroatischen Sprachraum stammen, sowie der Ort Meline, der nur aus einem einzigen Haus besteht.

Appartements in Privathäusern und kleine Pensionen, sowie einige Restaurants stehen entlang der flachen, sandigen Bucht, die Sie durchwaten können, zu Ihrer Verfügung. Am Ende der Bucht befindet sich - wie man sagt - Heilschlamm. Obwohl nirgends erwähnt ist, wobei der Schlamm helfen soll, sind viele zufrieden mit der Probe am eigenen Leib und kommen gerne zur Schlammbehandlung wieder.

Muschelbänke

An der Ausfahrt aus der Bucht Soline in Richtung Kanal von Novi Vinodolski oder an der Straße von Čižići in Richtung des Dorfes Rudine befinden sich Muschelbänke.

Die Insel Krk hat eine Jahrhunderte alte Tradition der Nutzung von eßbaren Muscheln. So haben die Austern aus der Bucht Soline schon seit dem 16.Jhdt einen guten Ruf. Vielmehr, Soline wurde zur geeignetsten Lokalität für Muschelzucht an der ganzen adriatischen Ostküste ernannt, hauptsächlich für Miesmuscheln und Austern. Das saubere Meer in der Bucht ermöglicht einen guten Wuchs, geringe Sterblichkeit

sowie eine gute Qualität der Muscheln, welche die Gastronomie der Insel krönen.

Miesmuscheln brauchen 2 Jahre, um eine Größe von 6 cm zu erreichen, um dann, je nach Wunsch, in verschiedenen Gerichten zu enden: "buzara", "na bijelo" (in Weißwein), "na crveno" (mit Tomaten)...

Früher haben die Inselbewohner öfter die Miesmuscheln "na crveno" (mit Tomaten) zubereitet, heute wird in den Restaurants "na bijelo" (in Weißwein) bevorzugt. Für beide Arten der Zubereitung müssen die Muscheln außen mit einem rauhen Schwamm oder eine Bürste gereinigt werden. Miesmuscheln "na bijelo" werden folgendermaßen zubereitet: gehackten Knoblauch kurz in Öl anbraten, mit etwas Wasser und Weißwein (Žlahtina) aufgießen. Gleichzeitig werden in einem anderen Topf die Muscheln in ganz wenig Öl erhitzt, damit sie sich öffnen und Wasser lassen. Die geöffneten Muscheln kommen mit der Hälfte ihrer Flüssigkeit in den ersten Topf und werden noch weitere 4-5 min gekocht. Vor Ende der Kochzeit gibt man noch etwas Brösel (zum Andicken der Sauce) sowie Petersilie und Olivenöl dazu.

Miesmuscheln "na crveno" werden ähnlich zubereitet, es wird nur anstatt Knoblauch Zwiebel angedünstet, und sofort Tomatenmark dazugegeben. Die restliche Zubereitung der Miesmuscheln sowie das Ablecken der Finger nach der ausgezeichneten Mahlzeit sind identisch.

Guten Appetit!!

Was wir auf jeden Fall empfehlen, ist ein Besuch der Tropfsteinhöhle Biserujka. Es ist die einzige Tropfsteinhöhle von über 50, die für eine Besichtigung hergerichtet ist.

Der Sage nach hat die Höhle den Namen Biserujka (biser = Perle) nach einem Schatz erhalten, der darin gefunden wurde und den örtlichen Seeräubern gehört hatte. Da es sich um einen unschätzbaren Wert handelte, wurde der Schatz an einen sicheren Platz geschafft. Den genauen Ort weiß nur Herr "Ive Gospodin", dessen Haus sich am Anfang von Rudine befindet.

Die Länge dieser kleinen, an Stalagtiten und Stalagmiten reichen Höhle beträgt 110 m. Die Tiefe vom Eingang bis zum Grund nur 12 m. Die Stärke des "Daches" bewegt sich zwischen 2 und 5 m, der tiefste Teil der Höhe befindet sich in 53 m Seehöhe.

Wegen des sehr dünnen Daches sickert Wasser der Niederschläge bis in die Höhle, und langsam mit einem Tempo von 1 mm in 10-30 Jahren regeneriert es die Schäden, welche unverantwortliche Besucher in den letzten mehr als 150 Jahren angerichtet haben.

Die ersten Aufzeichnungen über das Bestehen der Höhle scheinen in der Aussage eines 1834 in Senj verhafteten Schmugglers auf. Die älteste Wandmalerei im Inneren datiert aus dem Jahr 1859.

Einiger der älteren Wandmalereien wurden als Zeugen der Geschichte der Höhle belassen, während jüngere für immer entfernt wurden.

Wenn Sie die Höhle in den Sommermonaten besuchen, so denken Sie an wärmere Kleidung, die Durchschnittstemperatur beträgt nur 13 - 15°C. An den reichen Ablagerungen aus Calciumcarbonat ($CaCO_3$) lebt eine endemische Assel *Alpioniscus christiani*, welche Sie wegen deren "Größe" wahrscheinlich gar nicht bemerken. Außerdem leben hier Schnecken und Tausendfüßler, die ebenso schwer zu entdecken sind. Das, was Sie sehen können, kommen Sie zeitig am Morgen oder gegen Abend, ist eine kleinere Ansammlung von

Fledermäusen. Hier wurden auch die ca. 16.000 Jahre alten Überreste des Höhlenbären gefunden. Nachkommen sind, soviel bekannt ist, bis heute nie gesehen worden (oder doch?).

Obwohl die Höhle seit mehr als 150 Jahren besucht wird, wurde sie erstmals im Jahr 1950 für Besucher geöffnet. Nachdem sie später mehrere Jahre nicht genutzt wurde, wurde sie 1997 in der heutigen Form erneut hergerichtet.

Eine sehr geschmackvolle Beleuchtung ermöglicht , daß Sie sich an den zahlreichen Ablagerungen in Braun-, Rot - und Grautönen erfreuen können, die von den dem Kalkstein beigemengten Eisen - und Manganoxyden herrühren. An manchen Stellen kann man auch Rußablagerungen sehen, welche die Fackeln der ersten Besucher hinterlassen haben.

Diese überaus ausführlichen Informationen über die Höhle erhielten wir vom freundlichen

Die Tropfsteinhöhle Biserujka, bekannt auch als "Vitezić" oder "Slivanjska" Höhle, befindet sich ca 200 m nördlich von Rudine, wohin man aus Richtung Čižići und der Bucht Soline kommt. Mit dem Boot können Sie bis in die "Slivanjska" Bucht fahren, von dort ist es nur noch ca. 10 min zu Fuß bis zur Höhle.

B I S E R U J K A

und entgegenkommenden Personal, den sogenannten Höhlenmenschen. Sie baten uns auch, Ihnen mitzuteilen, daß sie es sehr nett fänden, wenn Sie die Brombeeren in der Höhlenumgebung auf ihren Sträuchern lassen, damit sie sie essen können, wenn das Mittagessen nicht rechtzeitig ankommt.

Die Höhle ist für Besucher von April bis November geöffnet. Wenn Sie zu einer anderen Zeit kommen, können Sie die Agentur ŠILO TURIST unter der Tel.Nr. 852 203 oder 852 263 anrufen. Das Personal der Höhle meldet sich unter der Handynummer 091 326 203. Die Eintrittskarten sind günstig, und für Besucher unter 7 Jahren ist der Eintritt gratis. Alle weiteren Informationen über die Höhle, aber auch andere Fremdenverkehrsobjekte und Ereignisse, könne Sie vom gut informierten Höhlenpersonal erhalten.

Tauchen

Glaubt man den Tauchern (z.B.: meinem Schwager) ist dies ein sehr anspruchsvoller Sport. Man muß all die Ausrüstung anziehen, auf die Zeit achtgeben, auf die Tiefe, auf die Luftmenge...... und danach die Ausrüstung wieder vom Salz abwaschen, trocknen... das Prinzip ist recht einfach: man muß nur ins Wasser fallen und bis zum Grund absinken.

Obwohl es nicht sehr einfach ist, ist das Tauchen in den letzten Jahren auf Krk ein weit verbreiteter Sport. Einen Tauchklub oder eine Tauchschule finden Sie in allen größeren, aber auch in manchen kleineren Orten der Insel. Alle, die dieses Sportes wegen kommen, sind mit den Vorschriften so weit vertraut, für alle, die sich jetzt erst anschließen wollen, hier einige nützliche Informationen.

Um sich mit Tauchen zu beschäftigen, ist es nötig, einen Tauchkurs in einem dafür zugelassenen Klub zu absolvieren, wo Sie nach Abschluß eine Bescheinigung über den abgeschlossenen Lehrgang von einer international anerkannten Vereinigung erhalten. Wenn Sie schon einen Tauchkurs haben, brauchen Sie eine Jahresgenehmigung, welche Klubs und Hafenämter ausstellen. Für den Anfang müssen Sie keine Ausrüstung besitzen, Sie können sie in besser ausgestatteten Klubs leihen.

Es werden Rundfahrten zu verschiedenen Unterwassertauchplätzen um die Insel Krk sowie die benachbarten Inseln **Cres**, **Plavnik** und **Prvić** organisiert, wo Höhlen, Riffe, versunkene Schiffe... besucht werden.

Wenn Sie Fischfang betreiben wollen, benötigen Sie eine Genehmigung, die Sie in Klubs oder Hafenämtern erwerben können, wo Sie auch alle anderen nötigen Informationen erhalten.

Ich möchte erwähnen, daß die einfachste Fischfangmethode - mit Dynamit - nicht gestattet ist! Genauso streng verboten ist das Entfernen von Gegenständen oder die Beschädigung von archäologischen Fundstätten unter Wasser, dafür sind hohe Strafen vorgesehen.

Die häufigsten Gegenstände aus versunkenen Schiffen sind Amphoren.

Amphoren dienten in der Antike hauptsächlich zur Aufbewahrung und dem Transport von Wein und Öl, einige, von spezifischer Gestalt, auch zum Transport von Gewürzen, Farben und anderem. Die einstige

Verpackung ist heute ein geschätztes Exponat verschiedener Museen oder Privatsammlungen. Auf der Insel selbst gab es keine Werkstätten für deren Herstellung, so daß die im Meer um die Insel gefundenen Gegenstände aus dem ganzen Mittelmeerraum stammen. Und wie auch heute das Wettergeschehen, vor allem die Bora, in diesem Gebiet gefährlich für die modernen Seeleute ist, so war es auch zur Zeit des Amphorentransportes. Daraus läßt sich schließen, daß zumeist dank der Bora, aber auch wegen Kriegshandlungen, die Unterwasserwelt reich an archäologischen Fundstellen ist, welche teilweise geschützt sind, während eine große Anzahl leider schon verwüstet wurde.

Die Unterwasserwelt ist noch nicht vollkommen erforscht, so daß keine genaueren Angaben gemacht werden können, wie viele Schiffe aus verschiedenen Geschichtsabschnitten auf dem Meeresgrund rund um die Insel geendet haben. Manche dieser Schiffe sind in erreichbaren Tiefen und zu ihnen werden Tauchgänge organisiert, es gibt aber auch unzugängliche und unerforschte Lokalitäten.

Wir werden einige erwähnen.

Tauchschulen gibt es in allen größeren Orten der Insel Krk, wo man sich bei qualifizierten Ausbildnern Grundwissen aneignen kann.

• Peltastis

Die am meisten besuchte Stelle, was versunkene Schiffe betrifft, ist das grichische Motorschiff *Peltastis*. Erbaut wurde es Ende der Fünfziger Jahre in Hamburg unter dem Namen "*Alsterpark*", wechselte den Besitzer nach ca. 10 Jahren und fuhr dann unter griechischer Flagge. Das Schiff ist 50m lang, 8m breit, hat 2 Masten und seine letzte Fahrt war im Februar 1969 aus dem

Mittelmeer in Richtung Rijeka.

In der Nähe von Crikvenica starb der Hauptmotor ab, und der Kapitän entschloß sich zu ankern. Während der Nacht verstärkte sich die Bora und beide Anker waren im schlammigen Grund nicht imstande, das Schiff zu halten. Vor Morgengrauen begann das Schiff an die Steilküste von Krk zu schlagen, ca 1,5 km von der Solinebucht in Richtung Šilo, und die Mannschaft rettete sich ins Meer. Langsam versank das Schiff 50 m von der Küste entfernt, ein Teil der Crew rettete sich schwimmend ans Ufer, der Kapitän **Belesis** blieb im inneren der Kommandobrücke. Seine Leiche wurde einige Monate später geborgen und auf dem Friedhof in Crikvenica begraben.

Die "Peltastis" liegt aufgerichtet mit der Schraube in ca. 33 m Tiefe, die Spitze des Buges liegt in Richtung Krk in 15 m, die Mastspitze befindet sich in nur 6 m Tiefe und ist bei schönem Wetter von der Oberfläche aus zu sehen. Die Tiefe, in der das Schiff liegt, machte es zu einer idealen Tauchlokalität, zu der fast alle lokalen Tauchklubs und -schulen ihre Taucher führen.

• Segler mit Kanonen

Die Herkunft und der Zeitpunkt des Sinkens dieses Seglers kann nicht mit Sicherheit bestimmt werden, man nimmt aber an, daß er aus der Zeit Napoleons Anfang des 19. Jahrhunderts stammt und auf Grund von Schlechtwetter Schiffbruch erlitten hat. Das Schiff ist ca 30 m lang und 8 m breit, und es befindet sich nordöstlich der Insel Plavnik in einer Tiefe von 29 bis 39 m. Die 14 Kanonen, jetzt mit Algen und Muscheln bewachsen, dienten nicht zur Bewaffnung des Schiffes, sondern wurden sehr wahrschein-

lich als Fracht zu einer der näheren Festungen transportiert.

• Minen

Der Kanal zwischen Krk und Cres war während des 2. Weltkrieges und unmittelbar danach vermint. Die Entminung wurde erst in den Fünfzigern beendet, so daß sich in der Zwischenzeit einige Unglücke ereignen konnten.

Das britische Torpedoboot *MTB 697* fuhr in der Nacht von 15. Auf den 16. April 1945 auf eine Mine auf und versank nahe bei Glavotok, doch seine genaue Position ist nicht zu eruieren. Nach den Erzählungen einiger älterer Ortsansässiger war die Explosion so stark, daß zahlreiche Konservenbüchsen aus dem Schiffsvorrat auf den umliegenden Feldern gefunden wurden, was die eher ärmliche Nahrung der hiesigen Anwohner für einige Zeit bereicherte. Leider fanden 10 Seeleute den Tod.

Das Dampfschiff "*Srbin*", Länge 67 m und Breite 9 m, fuhr am 6. Juni 1947 nicht weit von der Untergangsstelle des britischen Schiffes ebenfalls auf eine Mine auf und versank in einer Tiefe von 20 m. Dabei kamen 19 Besatzungsmitglieder und 4 Reisende ums Leben. Nach 2 Monaten wurde das Dampfschiff gehoben, aber wegen der erlittenen Schäden endete es im alten Eisen.

Auf dem Grund blieben verschiedene Schiffsteile zurück und nicht weit davon die Verankerung des Mine.

• Torpedoboot TA 45

Erwähnen möchte ich auch noch den Unfall eines deutschen Torpedobootes, bei dem eine größere Anzahl von Seeleuten ihr Leben verlor; dieses Wrack kann nicht besichtigt werden, da es sich in 60 m Tiefe befindet.

Torpedoboote wurden in der Schiffsweft Rijeka für die italienische Marine bis zur Kapitulation Italiens im Jahr 1943 gebaut, wonach sie in die deutsche Marine unter der Bezeichnung TA (Torpedoboot Ausland) übergehen.

In der Nacht vom 10. Auf den 11. April starteten die Torpedoboote TA 40 und TA 45, um die Stadt Senj mit Kanonen anzugreifen. Senj stand unter Partisanenherrschaft und von dort aus begann die Besetzung der Insel Rab. Diese

Aktion schützten zwei britische Torpedoboote und ein Kanonenboot. Bei der Ankunft der deutschen Schiffe in der Höhe von Novi Vinodolski, schossen die britischen Boote - verborgen entlang der Insel Krk - vier Torpedos ab. Die TA 40 bemerkte die ankommenden Geschosse und konnte durch ein Manöver ausweichen, aber die TA 45 nicht. Sie wurde von 2 Torpedos getroffen und durch eine Explosion der Kessel entzwei geteilt; sie versank brennend in eine Tiefe von 60 m. Von 156 Besatzungsmitgliedern kamen 80 ums Leben, unter ihnen auch der Kapitän **Walter Wenzel**, einige retteten sich nach Novi Vinodolski, wo sich eine deutsche Garnison befand. Andere rettete ein britisches Wasserflugzeug am nächsten Morgen, und einige ruderten zur Insel Krk. Dort wurden sie von Partisanen gefangen genommen und erschossen.
Aus dieser Gruppe konnten nur 2 Personen entkommen, indem sie die Wächter überwältigten und so bis nach Rijeka entkamen.

Die Flora und Fauna

PFLANZEN

Auf Krk kommen ungefähr 1300 verschiedene Pflanzenarten vor. Diese für die Größe der Insel hohe Anzahl ist das Ergebnis der geologischen Geschichte, der geographischen Lage und der Klimabedingungen der Insel. Man nimmt an, dass Krk, während es in den Eiszeiten mit dem Festland verbunden war, ein Rückzugsgebiet für viele kontinentale Arten darstellte, die auch jetzt noch zahlreich vorkommen. Heute liegt der Großteil der Insel in der submediterranen Klimazone, wie Wälder aus Orientalischer Weißbuche (*Carpinus orientalis*) und Flaumeiche (*Quercus pubescens*) zeigen. In einem schmalen Küstenstreifen im Süden der Insel dominieren immergrüne Eichenwälder, z. B. Steineichen (*Quercus ilex*). Der 80-100 Jahre alte Steineichen-Wald bei Glavotok ist als Waldschutzgebiet ausgewiesen. Für die höheren Lagen ist die Hopfenbuche (*Ostrya carpinifolia*) charakteristisch, und bei Jezero, Ponikve und in der Solina-Bucht kommen, einzigartig für die Kvarner Region, Pflanzen vor, die für feuchte Wiesen und Sümpfe typisch sind. Aber die meisten interessanten Pflanzen können Sie in Trockenrasen und Felsfluren finden. An Felsen und Klippen leben zahreiche Endemiten des Kvarner Gebietes (z.B. *Allium ampeloprasum*, *Campanula istriaca*, *Iris illyrica* etc.).

SÄUGETIERE

Die Insel Krk kann sich nicht gerade als Welt der Säugetiere rühmen, die Zahl der Arten ist ziemlich klein, und es kommen nur weit verbreitete Arten vor und solche, die vom Menschen eingeschleppt worden sind (der ja schließlich auch eine sehr weit verbreitete Säugetierart ist). Doch gibt es einige sehr interessante Gruppen, die in diesem Führer nicht unerwähnt bleiben sollen. In Wäldern, Höhlen und Glockentürmen gibt es etliche Arten Fledermäuse: **Kleine Hufeisennase** (*Rhinolophus hipposideros*), **Mittelmeer-Hufeisennase** (*Rhinolophus euryale*), **Große Hufeisennase** (*Rhinolophus ferrumequinum*), **Kleines Mausohr** (*Myotis blythii oxygnathus*), **Zwergfledermaus** (*Pipistrellus pipistrellus*),

der Insel Krk

Coluber gemonensis

Orchis morio

Ponikve

Emys orbicularis

Plecotus kolombatovici

Dragan Pelić

Weißrandfledermaus (*Pipistrellus kuhlii*), **Langflügelfledermaus** (*Miniopterus schreibersi*), **Alpenfledermaus** (*Hypsugo savii*) und die **Langohrfledermaus** *Plecotus kolombatovici*. Es wird vermutet, dass die tatsächliche Anzahl an Fledermausarten auf Krk noch größer ist. Alle Arten sind gesetzlich geschützt.

Delphine (*Delphinus delphis* und *Tursiops truncatus*), die wir alle so nett finden, besuchen bisweilen die Gewässer vor Krk. Ein anderer gelegentlicher Besucher von Krk ist, ob Sie es glauben oder nicht, der **Braunbär** (*Ursus arctos*). Bedenkt man die immer aufmerksamen Kassiere an der Krk-Brücke und die Tatsache, dass noch niemals Geld bei einem Bären gefunden worden ist (nicht gerechnet der Bär auf der Rückseite der 5-Kuna-Münze) ist es klar, dass der Schwimm-Marathon auch bei Bären eine populäre Sportdisziplin ist. Hasen, Steinmarder und Rehe haben Bedeutung fuer den Jagdtourismus auf der Insel.

VÖGEL

Krk ist ein Paradies für Vogelbeobachter: 220 Vogelarten konnten hier bereits nachgewiesen werden! Abgesehen davon, dass Krk einer Anzahl von Standvogelarten eine Heimat bietet, ermöglicht die Insel entsprechend ihrer touristischen Tradition, nennen wir es Transit-Tourismus, mittel- und nordeuropäischen Vögeln Rastplätze während der Durchreise. Winter-

Gottesanbeterin bei der Jagd - ein sehr gefährliches Tier, aber nur, wenn Sie ein Männchen dieser Spezies sind: Nach einem romantischen Abend und einer schlaflosen Nacht würden Sie dann als Frühstück enden... Dieses Insekt, bei dem die Weibchen ihre Partner nach der Paarung meistens fressen, ist eine Warnung, welche Gefahren sorglose Sommerromanzen in sich bergen können.

Phalacrocorax aristotelis

Tourismus bei Vögeln existiert schon lange bei **Jezero**, **Ponikve** und in den Buchten **Soline** and **Čavlena**, wo viele Vögel, vor allem Wasser- und Sumpfvögel aus Mittel- und Nordeuropa, treu jedes Jahr den Winter verbringen. Jezero und Ponikve wären, zusammen mit der interessanten Flora hier, ideale Plätze zur Vogelbeobachtung. Das Problem ist aber, dass dies Wasserschutzgebiete sind, deren Betreten verboten ist. Doch hoffen wir, dass in Zukunft eine akzeptable Lösung mit den lokalen Behörden gefunden werden kann.

Wir wollen uns hier auf einige besonders auffällige oder attraktive Arten beschränken. Der **Steinkauz** (*Athene noctua*) findet sich im Wappen der Stadt Krk, die Weißkopfmöwe ziert Postkarten, Informationsblätter für Touristen... und, zu Ihrer Information, das was fünf Meter vor Ihnen ins Wasser platscht, während Sie sorglos die Küste entlang schwimmen, war kein Hai, sondern die allgegenwärtige **Krähenscharbe** (*Phalacrocorax aristotelis*), eine Verwandte des Kormorans.

Die Kvarner Inseln **Cres**, **Prvić**,

Orchis tridentata

Plavnik and **Krk** beherbergen heute die letzte größere Brutkolonie des **Gänsegeiers** (*Gyps fulvus*), der früher Brutvogel in weiten Teilen Europas war. Um diese bedrohte Art zu schützen wurde am 30. Dezember 1969 die Küste zwischen **Glavina** und **Mala Luka** in einer Breite von einem Kilometer zum weltweit ersten ornithologischen Schutzgebiet für den Gänsegeier erklärt. Leider ist der passive Schutz, eben ein Schutzgebiet, in dem diese Vögel nicht gestört werden dürfen, für ihre Erhaltung nicht ausreichend, es müssen weiter gehende Aktivitäten gesetzt werden (wie z. B. auf der Insel Cres). Es ist alarmierend, dass auf Krk während der letzten zehn Jahre der Bestand der Geier auf wenige Brutpaare zurückgegangen ist. Viele Nestlinge überleben nicht und die Weibchen legen jährlich nur ein Ei. Nach dem Ausfliegen bleiben die Jungen noch eine Weile bei den Eltern, sondern sich dann aber ab und fliegen weit herum. Viele noch nicht geschlechtsreife Vögel verbringen den Sommer in den Zentralalpen in Österreich, manche aber auch in Spanien oder Nordafrika. Wenn sie überleben, kommen sie später zum Brüten wieder an ihre Klippen in der Kvarner Bucht zurück. Sie können in Gefangenschaft bis zu fünfzig Jahre alt werden, doch erreichen die meisten Wildvögel dieses Alter nicht.. Die kroatischen Gänsegeier sind die einzigen, die ihre Nester auf Klippen über dem Meer errichten, die niedrigsten Nester wurden nur zehn Meter über dem Meeresspiegel gefunden. Gänsegeier fressen ausschließlich Aas und wirken damit als wichtige Gesundheitspolizei, nicht einmal Cholera- oder Milzbranderreger überleben ihr Verdauungssystem.

■ Gänsegeier (*Gyps fulvus*) - mit etwas Glück können Sie bei einer Wanderung auf den markierten Wegen durch die Berge die faszinierende Silhouette dieses Königs der Lüfte mit seinen fast drei Metern Flügelspannweite sehen.

Ophrys holosericea

■ Skorpione machen uns das Leben auf der Insel schwer und können uns den Urlaub verderben. Das können Skorpione aber auch anderswo; die Besonderheiten dieses Sternzeichens sind ja gut bekannt (der Autor spricht aus eigener Erfahrung). Doch das kleine Tier dieses Namens ist nicht so gefährlich, vor ihm müssen Sie sich nicht fürchten! Sein Stich wirkt höchstens wie ein Bienen- oder Wespenstich - die Skorpione auf Krk sind nicht die tödliche Gefahr wie manche ihrer Verwandten in den Tropen.

■ Stabheuschrecke (*Bacillus rossi*) - dieses niedliche Insekt ist ein Meister der Tarnung. Wegen seiner Körpergestalt ist es schwierig zu entdecken, aber wenn ein Zweig plötzlich losmarschiert...

AMPHIBIEN UND REPTILIEN

Mit 30 hier vorkommenden Arten (7 Amphibien und 23 Reptilien) hat Krk die reichhaltigste Herpetofauna aller mediterranen Inseln, knapp gefolgt von **Sizilien** mit 27 Arten und **Cres** mit 25 Arten. Diese Tatsache ist es wert, dass wir einige Seiten unseres Führers dieser Tiergruppe widmen.

Manche werden über das Quaken von Fröschen auf einer Mittelmeerinsel überrascht sein. Die reiche Amphibienfauna erklärt sich aus der großen Zahl von Süßwasser- und Sumpfhabitaten auf Krk, vor allem die Wasserspeicher **Jezero** und **Ponikve**, sowie zahlreiche Tümpel, von denen allerdings manche während des Sommers austrocknen, haben für das Amphibienleben größte Bedeutung. Folgende Arten sind am weitesten verbreitet: **Teichmolch** (*Triturus vulgaris*), **Laubfrosch** (*Hyla arborea*)[1], **Wechselkröte** (*Bufo viridis*)[2] und **Seefrosch** (*Rana ridibunda*) [3]. Die anderen drei nachgewiesenen Arten sind dagegen selten: **Gelbbauchunke** (*Bombina variegata*) [4], **Erdkröte** (*Bufo bufo*) und **Springfrosch** (*Rana dalmatina*).

Werner Mayer

Werner Mayer

Die Herpetofauna der Insel wird durch zwei Schildkrötenarten bereichert: die Griechische **Landschildkröte** (*Testudo hermanni*)[5] und die **Sumpfschildkröte** (*Emys orbicularis*)[6].

Wenn Sie die Eidechsen von Krk erleben wollen (von denen es nicht weniger als acht Arten gibt), bedenken Sie, bitte, dass auch die sich sonnen, und zwar ohne Sonnenöl mit Schutzfaktor 40, aber, weil sie auf ihre Gesundheit achten, nur am frühen Morgen und späten Nachmittag zu beobachten sind.

4

6

5

Werner Mayer

In der Stadt an so gut wie jeder besonnten Mauer und an den Stränden können Sie aus nächster Nähe **Ruineneidechsen** (*Podarcis sicula*)[9] beobachten, die wahrscheinlich erst vor ein paar tausend Jahren aus Italien eingewandert sind. Am Rand von Siedlungen, in unberührten Naturräumen, an Waldlichtungen und entlang der zahlreichen Wanderwege der Insel finden Sie oft eine sehr ähnliche Eidechse, die **Karsteidechse**, (*Podarcis melisellensis*)[8], die zarter und kleiner als die Ruineneidechse ist, und von der man annimmt, dass sie eine alt eingesessene Kroatin ist. Eine weitere Eidechse, die nur im Küstengebiet am Ostrand der Adria vorkommt, ist

7 *Algyroides nigropunctatus*

8 *Podarcis melisellensis*

9 *Podarcis sicula*

die **Prachtkieleidechse** (*Algyroides nigropunctatus*)[7], deren Männchen durch ihre strahlend blaue Kehle und den orangeroten Bauch auffallen. Sie können diese Eidechse vor allem an bewachsenen Legesteinmauern finden, vor allem, wenn sich dahinter niedriger Wald ausdehnt. Wenn Sie beim Wandern entlang von Felsen oder einer Brombeerhecke durch ein lautes Rascheln überrascht werden, haben Sie wahrscheinlich gerade eine **Riesensmaragdeidechse** (*Lacerta trilineata*)[10] beim Sonnen gestört. Diese Eidechse ist, wie der Name sagt, bis zu 50 cm lang (inklusive Schwanz) und smaragdgrün. Es könnte aber vielleicht auch ein **Scheltopusik** (*Ophisaurus apodus*)[12] gewesen sein, der große Bruder der Blindschleiche, beinlos wie diese, warmbraun und mit

Lacerta trilineata 10

11 *Hemidactylus turcicus*

12 *Ophisaurus apodus*

einer Länge von bis zu 120 cm und der Dicke eines Männerarms. Die viel kleinere echte **Blindschleiche** (*Anguis fragilis*), können Sie ebenfalls häufig finden, allerdings nur in feuchteren und bewaldeten Gebieten. Bleiben noch zwei Gecko-Arten über, der **Halbfinger-gecko** (*Hemidactiylus turci-cus*)[11] und der **Mauergecko** (*Tarentola mauritanica*), die Sie, manchmal zwar auch bei Tag, so doch meistens erst während der romantischen Abendstunden finden können (falls Sie dann noch ein Auge für die Natur haben). Diese Geckos nützen die moderne Technik des elektrischen Lichts indem sie bei Straßenlampen auf anfliegende Insekten lauern. Leider wurden diese netten Tiere fälschlicher Weise Jahrhunderte lang für giftig gehalten und daher oft erschlagen (tatsächlich gibt es nur zwei giftige Echsenarten, und die leben in Mexico und den südlichen USA).

Schlangen

13 Coluber gemonensis

Die Fauna der Insel Krk ist besonders reich an Schlangen, es kommen hier zwölf verschiedene Arten vor. Die häufigste Art ist die **Balkanzornnatter** (*Coluber gemonensis*) [13], eine ungiftige Schlange von weniger als einem Meter Länge. Die **Gelgrüne Zornnatter** (*Coluber viridiflavus*)[15] ist auch häufig und auffällig, vor allem, wenn sie wie ein Pfeil in einer Steinmauer oder einem Gebüsch verschwindet. Diese ebenso ungiftige Schlange hat ein heldenhaftes Herz (oder besonders großen Hunger), hat man doch schon einmal eine kleine, gefährlich giftige Hornviper in ihrem Magen gefunden. Die **Schlanknatter** (*Coluber najadum*)[14], ist auch schon für Krk nachgewiesen worden. Die **Äskulapnatter** (*Elaphe longissima*)[16], wird zwar fast zwei Meter lang, ist aber ebenso harmlos wie alle anderen bislang genannten Arten. Sie ist die Schlange, von der angenommen wird, dass sie sich um den Stab des römischen Gottes **Äskulap** windet, dem Symbol der modernen Medizin. Ein anderer völlig harmloser Riese mit sogar bis zu 2.5 Metern Länge ist die **Vierstreifennatter** (*Elaphe quatuorlineata*)[17], die größte Schlange Europas. Das Photo zeigt ein Jungtier mit Flecken, aber, wenn sie erwachsen ist, hat sie vier dunkle Längsstreifen. Ihre kleine Verwandte, die **Leopardnatter** (*Elaphe situla*)[18], ist leider selten geworden. Mit ihrer prächtigen rotbraunen Flecken-

14 Coluber najadum

15 D. Wolfl

Coluber viridiflavus

Elaphe longissima 16

Elaphe quatuorlineata 17

Elaphe situla 18

Vipera ammodytes 19

Hornviper (*Vipera ammodytes*) - eine Giftschlange, die einzige gefährliche Schlange der Insel. Ihre charakteristische Zeichnung und das kleine Horn auf der Nase sollen Ihnen Warnung sein, ihr nicht zu nahe zu kommen.

D. Wolfl

Telescopus fallax 20

21

Malpolon monspessulanus

zeichnung gilt sie als attraktivste Schlange Kroatiens.

An Tümpeln und in anderen feuchten Lebensräumen können Sie die **Ringelnatter** (*Natrix natrix*)[23], finden, eine ebenso ungiftige Schlange, die Sie vielleicht schon aus Mitteleuropa kennen. Ihre nahe Verwandte, die **Würfelnatter** (*Natrix tesselata*), schwimmt sogar manchmal im Salzwasser und jagt vor allem kleine Fischen.

Es gibt auf Krk auch sozusagen 'halb-giftige' Schlangen, deren Giftzähne im hintersten Teil des Oberkiefers liegen. Ihr Biss ist für Menschen ungefährlich, erstens wegen der Stellung der Giftzähne, wodurch es unwahrscheinlich ist, dass Sie bei einem normalen Abwehrbiss mit ihnen in Kontakt kommen (außer sie beißt Sie in den Finger!), und zweitens, weil ihr Gift recht schwach ist. Zu diesen Schlangen gehört die recht seltene, in der Nacht aktive **Katzennatter** (*Telescopus fallax*)[20], und die noch seltenere tagaktive **Eidechsennatter** (*Malpolon monspessulanus*)[21], die bislang nur aus der Region Vela Rika bekannt ist. Sie ist extrem scheu, und Sie werden kaum mehr als ihre Schwanzspitze zu sehen bekommen. Deshalb ist die Gefahr eines Bisses nicht recht groß und sie ist auch bei weitem weniger giftig als ihre Verwandte aus Nordafrika (*Malpolon moilensis*). Trotzdem würde ich nicht empfehlen, sich von einem erwachsenen Tier von 2 Metern Länge (!) beißen zu lassen; das tut auf jeden Fall sehr weh!.

Die im größten Teil Europas vorkommende **Schlingnatter** (*Coronella austriaca*)[22], ist auf Krk häufig. Wegen ihrer Zeichnung wird diese harmlose Art sehr oft mit der giftigen Kreuzotter verwechselt, die aber sehr wahrscheinlich auf unserer Insel gar nicht vorkommt. Auch ein altes Gerücht über ein Vorkommen der schwach giftigen **Wiesenotter** (*Vipera ursinii*), auf Krk ist seit Jahrzehnten unbestätigt und wegen der bekannten Ansprüche an den Lebensraum dieser Art auch extrem unwahrscheinlich.

Die einzige wirklich gefährlich Schlange auf der Insel Krk ist die Hornviper, ***Vipera ammodytes*** [19]. Diese Giftschlange können Sie an ihrer Färbung und Zeichnung erkennen, und vor allem an dem Hörnchen, das auf der Nasenspitze sitzt. Sie ist nicht so flink wie die meisten Natternarten und bleibt oft selbstsicher liegen, wenn man sich ihr nähert. Bringen Sie ihr höchsten Respekt entgegen, doch die Tatsache, dass sie giftig ist, bedeutet noch lange nicht, dass sie alles in ihrer

23

Natrix natrix

Umgebung umbringt. Die Produktion des Giftes kostet Energie und es dauert, bis es wieder nachgebildet werden kann (vor allem im Frühling, wenn die Schlangen aus der Winterruhe erwachen). Deshalb vermeiden die Schlangen so gut es geht den Giftbiss, wenn das was sie beißen, nicht gefressen werden kann, und wenn sie sich nicht in großer Gefahr fühlen. So gibt es kaum Unfälle mit Giftschlangen (im Gegensatz zu Verkehrsunfällen - auch weil Autos bei weitem häufiger sind als Vipern), doch vergessen Sie nicht, dass der Biss einer Hornviper tödlich sein kann, und suchen Sie in so einem Fall so schnell wie möglich ärztliche Hilfe.

Gemessen an der Größe der Schlangen hier kommen Sie niemals als Nahrung in Frage - und das wissen die Schlangen auch! Die meisten fressen Eidechsen oder Mäuse, manche klettern auch auf Büsche und Bäume und suchen Vogeleier und Jungvögel.

Aufgrund alter Vorurteile, vor allem aber aus Unkenntnis und Dummheit, sind Schlangen heute extrem gefährdet. Ungeachtet der Tatsache, dass es nur eine einzige wirklich giftige Schlange auf der Insel gibt, werden alle Schlangen ausnahmslos "sicherheitshalber" erschlagen. Auch der dichte Straßenverkehr in den Sommermonaten fordert unter ihnen zahleiche Opfer. Die Wahrscheinlichkeit, dass Sie während einer Wanderung auf der Insel gebissen werden, ist minimal - außer Sie versuchen, eine Schlange zu beißen! Wenn Sie nicht gerade Schlangen suchen, werden Sie mit großer Wahrscheinlichkeit während Ihres ganzen Urlaubs keine sehen; doch schützen Sie sich auf Wanderungen sicherheitshalber durch entsprechendes Schuhwerk und stecken Sie nicht ihre Hände ins Buschwerk!

Coronella austriaca

22

Schutzgebiete auf der Insel Krk

DAS VOGELSCHUTZGEBIET

- Zwischen Glavina und Mala Luka (inklusive eines 1 km breiten Meeresstreifens)

DAS BOTANISCHE UND ZOOLOGISCHE SCHUTZGEBIET

- Die Insel Prvić inklusive ihrer Küstengewässer und dem Grgur Kanal

DIE WALDRESERVATE

- Der Steineichenwald bei Glavotok
- Das Inselchen Košljun bei Punat

Geschützte Pflanzen

FÜNF ARTEN ORCHIDEEN:

- Die Pyramiden-Hundswurz (*Anacamptis pyramidalis*)
- Das Weiße Waldvöglein (*Cephalanthera damasonium*)
- Das Schwertblättrige Waldvöglein (*Cephalanthera longifolia*)
- Das Rote Waldvöglein (*Cephalanthera rubra*)
- Die Grünliche Waldhyazinthe (*Platanthera chlorantha*)

Geschützte Tiere

- Alle Amphibien und Reptilien
- Alle Vögel mit Ausnahme des Eichelhähers (*Garulus glandarius*), der Nebelkrähe (*Corvus cornix*), der Dohle (*Corvus monedula*) und der Elster (*Pica pica*).
- Alle Fledermäuse
- Fischotter (*Lutra lutra*)
- Weichtiere: Steckmuschel (*Pinna nobilis*), Fassschnecke (*Tonna galea*), Bischofsmütze (*Mitra zonata*) und Tritonshorn (*Charonia tritonis sequenza*).
- Insekten: die Rote Waldameise (*Formica rufa*) und zwei Schmetterlingsarten: Segelfalter (*Iphiclides podalirius*) und Schwalbenschwanz (*Papilio machaon*).

Landwirtschaft

Auf der Insel Krk war die Landwirtschaft neben der Fischerei die Haupttätigkeit der Bewohner. Schon auf den ersten Blick ist klar, daß das weder ein leichtes noch angenehmes Leben war. Man kann sich schwer vorstellen, wie all die von Steinmauern umgebenen Felder entstanden sind, doch durch die Jahrhunderte wurde jeder Stein von fleißigen Händen auf seinen Platz geschlichtet. Um die zahlreichen Familien zu ernähren, mußten neue bebaubare Flächen geschaffen werden, und so wurde das Gestein aus dem Karst geschafft, und in diesen unüberschaubaren Reihen, von denen die Insel durchzogen ist, angehäuft.

Die Steine haben eine mehrfache Funktion: sie dienen als Grenze zwischen zwei Feldern, hindern Vieh an der Zerstörung der Saat und den Wind davon ab, die wertvolle Erde zu verwehen. Heute wird sich wahrscheinlich niemand in eine solch umfangreiche Arbeit einlassen, leider liegt auch ein Großteil der bestehenden Felder brach. Einst wurde hauptsächlich Getreide als Grundnahrung angebaut, heute ist dank der Annehmlichkeit des milden mediterranen Klimas am weitesten der Anbau von gesundem Gemüse ohne genetisches Engineering verbreitet (obwohl es in den Dörfern Ingenieure gibt, aber für Bau, Maschinenbau usw...)

Oft treffen Sie im Sommer an den Straßen der Dörfer (besonders durch das Tal von Baška) vor allem ältere Leute, welche Produkte aus den Gärten anbieten: Tomaten Feigen, Trauben, Olivenöl, Schnaps...

Die Schafzucht und Herstellung von Käse haben ihre Wurzeln in ferner Vergangenheit. Schon zur zeit der alten Römer war die Qualität von Lammfleisch aus Krk bekannt. Besonders der römische Kaiser Nero schätzte es sehr, und es wurde ihm auch regelmäßig geliefert. Der Herrscher ist durch nicht

gerade angenehme Dinge bekannt, aber wir sind sicher, daß ihm die Festessen mit dem ausgezeichneten und geschmackvollen Krker Lammfleisch nicht die Sinne verwirrten (weswegen Rom zu Schaden kam.).

Ein Paar aus Neuseeland, zu Besuch auf der Insel Krk, wunderte sich sehr über das trendige Aussehen der Schafe, deren Fell rot gefärbt war. Das ist nicht Folge eines launischen Schafsnaturells, sondern mit der Farbe kennzeich-

nen und unterscheiden die Eigentümer ihre Herden. Schafe werden hier hauptsächlich wegen ihres Fleisches und der Milch gehalten, nicht wegen der Wolle.

Die Herden bleiben ganzjährig auf ihren von den Steinmauern ("gromača") umgebenen Weiden, gemolken und geschoren (Bild oben) wird im Freien in einem dazu eingezäuntem Platz. Auf den Feldwegen, die die Insel durchziehen, werden Sie oft an Tore treffen, durch die man durch die Weiden geht. Daher schließen Sie diese hinter sich, denn damit verhindern Sie einige Dinge: daß die Schafe weglaufen und Saaten zerstören, daß Eigner ihre entlaufenen Tiere suchen müssen, sowie daß Sie Unannehmlichkeiten bekommen, wenn Sie ein Hirte erwischt (die Inselbewohner sind nicht soo gefährllich!). Auf engeren Wegen ist der Durchgang durch die Umzäunung durch einen engen, nur fußbreiten Spalt in der Steinmauer ermöglicht, durch welchen das Schaf im Gegensatz zum Menschen nicht durchgehen kann.

Viele Weiden befinden sich im Gebiet Dubašnica und dem südöstlichen weniger bewohnten Teil der Insel oberhalb von Punat und Stara Baška. Interessant ist, daß die Schafe in diesem rauheren Teil der Insel viel kleiner sind. Natürlich hat

eine entwickelte Schafzucht die Herstellung von ausgezeichnetem und geschmackvollen Käse zur Folge, welchen Sie in Restaurants oder direkt bei den einheimischen Bauern auf den örtlichen Märkten finden.

Die Olive prägte die Geschichte hindurch ebenfalls das Leben der Insel Krk. Sie diente nicht nur zur täglichen Ernährung, das Öl wurde zum Konservieren von Lebensmitteln und in Öllampen verwendet. Dieser früher wichtige Wirtschaftszweig wurde eine Zeitlang durch den Hausbau zurückgedrängt. Zahlreiche Olivenhaine befanden sich genau um die Inselorte und die vordersten verschwanden durch die Entwicklung des Fremdenverkehrs und die Erweiterung der Ansiedlungen in den letzten 10 Jahren. Zum Glück konnte dieser negative Trend gestoppt werden, und es erkannten viele, besonders jüngere Leute, die ursprünglichen Werte der Insel und führen heute die Olive und die Olivenwirtschaft auf ihren verdienten Platz zurück. Um die Verarbeitung der Oliven und die Erzeugung eines "extra-vergine" Olivenöls kümmert sich heute die einzige Ölmühle in Punat. Hier in Punat organisiert man Olivenernten, wofür es für Gäste, die daran teilnehmen wollen, eigens vorbereitete Arrangements gibt.

Die Insel ist auch für ihren Weinbau berühmt. Bis zum 2. Weltkrieg war der ***Prosek*** bekannter, er wird in der Umgebung von Baška erzeugt, heute steht die Gegend um Vrbnik mit dem bekannten und geschätzten Wein "***Vrbnička Žlahtina***" an erster Stelle.

Am Eingang in das Dorf Skrbčići steht dieser mindestens 500 Jahre alte Olivenbaum Auch wenn es auf den ersten Blick aussieht, daß es sich hier um mehrere Bäume handelt, ist es doch nur eine Wurzel aus der nach und nach kreisförmig immer neue Äste wachsen.

Die Gastronomie auf der *goldenen Insel*

Bei der Durchsicht von Speisekarten von Gastwirten und Hausfrauen fällt auf, daß die einheimische Küche mehrere Merkmale aufweist. Man muß anmerken, daß in der neueren Zeit dank des Fremdenverkehrs, Speisen aufscheinen, die nicht auf der Insel heimisch sind, aber von den Gästen gewünscht werden (wie etwa Ćevapčići, Pljeskavica...)

Die Schifffahrt brachte die Inselbewohner in neue Gegenden, woher sie neue Erfahrungen und Erkenntnisse über Gastronomie, Gewürze, Zubereitung und Lagerung von Lebensmitteln mit nach Hause brachten.

Auf der "goldenen Insel", die sich durch Reichtum der Natur auszeichnet, befassten sich die Menschen hauptsächlich mit Ackerbau, Viehzucht und Fischfang. Der Großteil lebte ein schweres und bescheidenes Leben. Die meisten Mahlzeiten waren fleischlos und aus dem Meer wurden hauptsächlich kleinere blaue Fische konsumiert; das Leben wurde auch durch das ständige Fehlen von Trinkwasser erschwert.

Wir begegnen den häufigsten Lebensmittel: Schaffleisch, Lammfleisch, Geflügel, seltener auch Wild. Aus dem Meer kommen: Oktopus, verschiedene Tintenfischarten, Sardellen, Makrelen, Steinbutt, Thunfisch, Bonito, Anchovis, "weiße" Fische wie Seeteufel, Rochen, Hai, Katzenhai, Seehecht...., sowie Meeresfrüchte: Schnecken, Napfschnecken und verschiedene Muscheln. Gemüse wird folgendes verwendet: Kartoffeln, Tomaten, Bohnen, Saubohnen, Gerste, Reis, Schnittbohnen, Mangold, Rüben, Spargel, Brennessel, wilde Zichorie, Feldsalat...

Zu den Gewürzen, die wir auf der Insel finden, gehören: Lorbeer, Rosmarin, Basilikum, Salbei, Knoblauch, Jungzwiebel, Oliven, Salz, Pfeffer; Getreide wird folgendes verwendet: Mais, Weizen, Hafer und Hirse.

Dazu kommen noch Trockenfeigen, Mandeln, Nüsse, Haselnüsse sowie Käse aus Kuh- oder Schafsmilch.

Ihren Aufenthalt sollten Sie unbedingt mit „fritule" (frittiertes Gebäck) versüßen.

Traditionelle Zubereitungsarten von Speisen sind: marinierter und Salzfisch, getrocknerter Oktopus, Seehecht oder Rochen, Brodetto aus kleinen Fischen oder Oktopus, getrocknetes Fleisch (Karree und Schinken), Gulasch und Eintopf, sowie verschiedene Teigwaren "makaruni", "lazanje", Gnocchi und Polenta.

Ein interessantes Detail ist, daß - obwohl die Insel reich an Pilzen ist - diese einen kleinen Beitrag zur traditionellen Küche liefern, die Inselbewohner kannten sie bis vor 10 Jahren noch gar nicht.

Unter den kärglichen Bedingungen bereiteten die Hausfrauen weißen Eintopf aus Kartoffeln sowie Brodetto aus "Stein" zu. Der Stein, der hier im Gebiet dominiert, fand seinen Platz auch auf Speisekarten. Natürlich aßen die Bewohner keine Steinmauern, es ist die Rede von Steinen aus dem Meer, bedeckt mit Algen, welche gekocht wurden um den Nährwert der Algen zu nutzen.

Neben den verschiedenen Arten von Teigwaren, die heutzutage die Küche der Region beherrschen, muß man als Besonderheit der Insel Krk "šurlice" erwähnen. So, wie auf der Insel mehrere Formen des lokalen Dialektes zu finden sind (für "was" sagt man in Omisalj, Vrbnik - "ČE", in

Njivice, Malinska, Krk, Punat - "ČA", in Dobrinj - "ČO", in Baška - "CA"), sind auch die Rezepte für "šurlice" genauso vielfältig. Einst wurden sie an Feiertagen mit Hammelgulasch (manchmal auch Hasengulasch) gegessen, während sie heute in den Restaurants mit Rindsgulasch, Lammgulasch, Meeresfrüchten oder Spargel serviert werden.

Der wilde Spargel ist eine Pflanze mit hohem Nährwert. Ob die alten Inselbewohner das wußten, ist schwer zu sagen, aber sie aßen ihn gerne. Gepflückt wird der Spargel im Frühjahr auf der ganzen Insel an Orten wo sich mehr Feuchtigkeit hält. Viele Leute pflücken den Spargel auch heute gerne und bereiten ihn dann als Salat mit gekochtem Ei, oder gebraten, mit Rohschinken oder Anchovis als Beilagen zu.

Der Großteil von Ihnen besucht die Insel wegen des sauberen Meeres und zum Baden. Den alten Inselbewohnern ging es beim Baden

"Šurlice" werden von Hand aus Mehl, Wasser und Fett gemacht. Das Mehl wird mit heißem Wasser vermengt, dann wir Olivenöl oder Schmalz dazu geknetet. Ist der Teig kompakt wird er in kleine Stückchen zerteilt. Eines nach dem anderen wird über eine Stricknadel gerollt, damit die charakteristische Form entsteht. "Šurlice" können frisch gekocht oder getrocknet werden. Sie werden mit Gulasch (Rind, Lamm, Kitz), Meeresfrüchten, Scampi oder Spargeln serviert.

nicht um Vergnügen und Entspannung, sondern sie gingen im Mai wegen der Seeanemonen ins Wasser. Das, was Ihnen Unannehmlichkeiten bereitet - es brennt, wenn Sie eine Seeanemone berühren - sagt man, kann auch sehr lecker sein. Für die Zubereitung muß man viel Mühe aufbringen, um durch Schlagen an das Mark der Seeanemone zu gelangen, welches dann gebacken wird. Wegen der komplizierten Zubereitung, werden Sie dieses Gericht wahrscheinlich nicht im Angebot der Inselrestaurants finden.

Unsere Vorfahren genossen viele dieser Speisen nur zu besonderen Gelegenheiten oder an Feiertagen. Die heutige Küche ist verbunden mit Fremdenverkehr und technologischem Fortschritt, so begegnen wir oft unseren Lebensmitteln mit neuen Kenntnissen veredelt und neuen Rezepturen bereichert, welche unvergeßlichen Geschmack geben. Das Olivenöl von Krk erhielt die Bezeichnung "jungfräulich", denn es enthält wenig Säure, ist von besonderer Qualität und wird daher in der täglichen Ernährung gerne verwendet.

Sehr oft begegnen wir im modernen Angebot dem Termin "*konoba*" (Keller, Kellerschenke). Das sind ebenerdige oder Kellerräume, gewöhnlich alter Häuser, in denen wegen der dicken Steinwände und beständiger Temperaturen Lebensmittel gelagert wurden. Meist waren dies Wein, Rohschinken, Olivenöl, Käse und Wintervorräte. In den Kellern befand sich auch der Gesellschaftsraum, wo unzertrennliche Freundschaften bei Wein, Schinken und Salzsardellen gepflegt wurden. Eine Gaststätte, über der ein Schild mit der Aufschrift "konoba" angebracht ist, soll Ihnen die ursprüngliche Atmosphäre eines alten Inselkellers nahebringen.

Auf der Insel treffen wir mehrere Sorten von Weinreben und die weithin bekannte Traube "*vrbnička žlahtina*", welche sich durch vortreffliches

Aroma, fruchtiges Bouquet auszeichnet. Durch die Entwicklung der Weinbaukunde wird heute aus der Sorte Žlahtina Qualitätswein und Schaumwein hergestellt. Aus den Trestern wurde schon immer Grappa gebrannt, woraus unsere Alten verschiedene Kräuterschnäpse und Nußschnaps machten. Ähnliche Schnäpse werden auch heute noch angeboten.

Heute herrscht auf der Insel Krk die mediterrane Küche vor. Es werden immer mehr Meeresfrüchte und Fische konsumiert. Im kulinarischen Sinn wird der ursprüngliche Geschmack der Lebensmittel erhalten.

Durch den Einfluß des Fremdenverkehrs kommt es leider zur Nivellierung des gastwirtschaftlichen Angebotes, so daß wir heute fastfood, verschiedene Arten italienischer, französischer, Wiener und anderer Küche finden. Deswegen vergrößert sich auf der Insel die Anzahl der Kellerschenken mit ursprünglicher Küche und Speisekarten werden mit traditionellen Gerichten erweitert.

Um alte Rezepte zu bewahren, organisierte man zum ersten Mal vor 20 Jahren Gastro - Wettbewerbe, wo Rezepte unserer Großmütter zum Einsatz kamen, die im Buch „Speisen der Insel Krk“ gedruckt wurden. Das Buch erschien in mehreren Sprachen.

Der verstorbene Akademiker **Branko Fučić** schrieb 1991 das sympathische Büchlein über die Zubereitung von bescheidenen Speisen im Kloster mit dem Titel "*Die Gastronomie des sündigen Fra Karlo aus Dubašnica*", herausgegeben vom Restaurant *Rivica*. In der kroatischen Vereinigung der Gastwirte organisierte man einen ersten Wettbewerb unter dem Namen "*Die vergessenen Geschmäcker unserer Vorfahren*". Unter diesem Titel erschien auch ein Buch in mehreren Sprachen, worin sich Rezepte einiger bekannter Gastwirte der Insel befinden.

Die Insel Krk geht im gastronomischen Sinn im Gleichschritt mit dem Umfeld, und auch die wählerischsten Feinschmecker können eine Delikatesse finden, an deren Geschmack sie sich lange erinnern werden.

"Die Gastronomie auf der goldenen Insel" wurde geschrieben, fotografiert, vorbereitet und "aufgegessen" unter Mitarbeit von Dražen Lesica und dem Restaurant

Rivica NJIVICE od 1934.

Informationen

Entfernung zwischen Orten auf der Insel (km)

	Brücke	Omišalj	Njivice	Malinska	Krk	Punat	Stara Baška	Baška	Vrbnik	Šilo	Dobrinj
Brücke	-	4	10,5	16,4	25,9	32,9	41,9	45,4	29,3	29	23
Omišalj	4	-	6,5	12,4	21,9	28,9	37,9	41,4	24,3	25	19
Njivice	10,5	6,5	-	6,5	16	23	32	35,5	18,4	19	13
Malinska	16,4	12,4	6,5	-	11,5	18,5	27,4	30,9	14,9	15,6	9,6
Krk	25,9	21,9	16	11,5	-	7	15,9	19,5	10,2	19,2	13,5
Punat	32,9	28,9	23	18,5	7	-	8,9	17,4	8,1	19,5	15,5
Stara Baška	41,9	40,5	32	27,4	15,9	8,9	-	26,3	17	28,4	24,4
Baška	45,4	41,4	35,5	30,9	19,5	17,4	26,3	-	18,7	30	26
Vrbnik	28,3	24,3	18,4	14,9	10,2	8,1	17	18,7	-	11,4	8
Šilo	29	21,5	10	16	19,5	18,5	31	32,5	14,5	-	6
Dobrinj	23	19	13	9,6	13,5	15,5	24,4	26	8	6	-

Feiertage

01. Januar
06. Januar
20. April
21. April
01. Mai
19. Juni
22. Juni
25. Juni
05. August
15. August
08. Oktober
01. November
25. Dezember
26. Dezember

Radio OK (Radio Insel Krk) FM - 89,2 - 96 - 96,3 Mhz

Polizei 92
Feuerwehr 93
Rettung 94

Kroatischer Touringclub
HAK 987

	Ambulanz	Apotheke	Postamt	Bankomat
Omišalj	☑	☑	☑	☑
Njivice	☒	☑	☑	☑
Malinska	☑	☑	☑	☑
Krk	☑	☑	☑	☑
Punat	☑	☑	☑	☑
Baška	☑	☑	☑	☑
Vrbnik	☑	☒	☑	☒
Dobrinj	☑	☒	☑	☒
Šilo	☑	☒	☑	☒

Kirchliche Feiertage der Insel Krk

17. Januar • Hl. Antun Abt - Linardići
20. Januar • Hl. Fabian und Sebastian - Turčići
25. Januar • Bekehrung des Hl Paul - Barušići
11. Februar • Muttergottes von Lourdes - Županje
13. Februar • Hl. Fuska - Linardići, Pinezići
23. April • Hl. Georg - Sv. Anton (Dubašnica)
3. Mai • Hl. Phillipp und Jakob - Soline
10. Mai • Mutter Gottes - Županje
26. Mai • Hl. Dreifaltigkeit - Baška
31. Mai • Besuch der gesegneten Jungfrau Maria - Draga Bašćanska
4. Juni • Hl. Kvirin - Krk
13. Juni • Hl. Anton von Padua - Kras, Lakmartin, Sv. Anton (Dubašnica), Košljun
15. Juni • Hl. Dreifaltigkeit - Baška, Punat
• Sv. Vid - Dobrinj, Sv. Vid Miholjice
24. Juni • Johannes der Täufer - Baška, Sv. Ivan (Dobrinjski), Sv. Ivan (Dubašnica), Vrbnik
29. Juni • Hl. Peter und Paul - Brzac, Gabonjin, Garica
22. Juni • Hl. Maria Magdalena - Porat
23. Juli • Hl. Apolinar - Bogovići
25. Juli • Hl. Jakob - Kornić, Soline
2.August • Porcijunjula - Franziskanerkloster: Glavotok, Krk, Košljun, Porat
3. August • Hl. Stefan - Dobrinj
10. August • Hl. Laurentius - Krk
15. August • Mariä Himmelfahrt - Krk, Omišalj, Rosopasno, Vrbnik
16. August • Hl. Rochus - Krk, Šilo, Gostinjac
8.September • Mariä Geburt - Batomalj (Gospa Gorička), Njivice, Polje
14. September • Kreuz Erhöhung - Jurandvor
26. September • Hl. Kosmas und Damian - Poljica
29. September • Hl. Erzengel Michael, Gabriel und Raphael - Sv. Vid Miholjice, Vrh
30. September • Hl. Hieronymus - Risika
4.Oktober • Hl. Franz von Assisi - Skrbčići
1.November • Allerheiligen - Stara Baška, Sužan
11.November • Hl. Martin - Gostinjac
21.November • Gospa od zdravlja - Krk, Milohnići, Sužan, Vrbnik
22.November • Hl. Cäcilia - Brusići
23.November • Hl. Klemens - Klimno
30.November • Hl. Andreass - Punat, Kremenići, Žgombići
6. Dezember • Hl. Nikolaus - Batomalj, Šilo
8. Dezember • Mariä Empfängnis - Glavotok
13. Dezember • Hl. Lucia - Jurandvor, Krk

Fremdenverkehrsverein

INSEL KRK
Tel. 221-359 Fax. 222-336
e-mail: tz-otoka-krka@ri.tel.hr
www.krk.hr

OMIŠALJ - NJIVICE
Tel. 846-243 Fax. 847-662
e-mail: tzo-njivice@ri.tel.hr
www.tz-njivice-omisalj.hr

MALINSKA
Tel. 859-207 Fax. 858-254
e-mail: tzo-malinska@ri.tel.hr
www.tz-malinska.hr

VRBNIK
Tel./Fax. 857-479
www.multilink.hr/vrbnik

KRK (Stadt)
Tel./Fax. 221-414
e-mail: tz.@tz-krk.hr
www.tz-krk.hr

PUNAT
Tel. 854-860 Fax. 854-970
e-mail: tz-punat@ri.hinet.hr
www.punat.com

BAŠKA
Tel. 856-817, Fax. 856-544
e-mail: tz-baska@ri.tel.hr
www.tz-baska.hr

DOBRINJ
Tel./Fax. 852-107
e-mail: tzo-dobrinj@ri.tel.hr
www.multilink.hr/dobrinj

Glagolitische Schrift

Alle Informationen über die glagolitische Schrift finden Sie auf der web Adresse
Glagolitische Schrift:
www.hr/darko/etf/et03.html
Die Tafel von Baska:
www.hr/darko/etf/baska.html

RIJEKA
Bakar
ZAGREB
Kraljevica
Sv. MARKO
Voz
Dramalj
CRIKVENICA
OMIŠALJ
Rudine
RIJEČKI ZALJEV
Zaljev Soline
Klimno
SILO
Čižići
Jezero
Polje
NJIVICE
Sv. Vid
DOBRINJ
KRAS
Gradec
Gabonjin
MALINSKA
PORAT
Ponikve
KRK
Sv. Krševan
Poljica
Milohnići
GLAVOTOK
Vrh
Pinezići
VALBISKA
SREDNJA VRATA
Valbiska - Merag
PLAVNIK
CRES
MERAG